PERLAS QUE ENCONTRÉ EN EL CAMINO

Reflexiones del Nuevo Pensamiento para Atraer Éxito y Felicidad

Marcela Allen

WISDOM COLLECTION

PUBLISHING HOUSE

Wisdom Collection LLC
McKinney, Texas/75070

www.wisdomcollection.com

Perlas que encontré en el camino/ Marcela Allen. -- 1.ª edición
ISBN Paperback: 978-1-63934-048-4
ISBN Hardback: 978-1-63934-050-7

Dedicado a todos aquellos que recorren
esta senda espiritual conmigo. Cada una de estas perlas
ha sido elegida pensando en ustedes.

CONTENIDOS

INTRODUCCIÓN...i

~Promete a Ti Mismo~...1

·- Perlas que Ayudan a Avanzar ·-

Un Nuevo Comienzo 5

Olvídalo 8

Considérate muy Dichoso..12

Sigue la Luz..15

El Hábito de la Felicidad 17

Cuadros Mentales 19

Simplemente Alégrate 22

Todo Está Bien 25

El Arte de Estar Vivo...27

Filosofía de la Risa 30

~ Perlas de Sabiduría ~

Yo Soy el Sol..35

No Importa..39

Olvidar Conduce al Éxito 42

Considera los Lirios...44

Desarrolla la Fe y el Coraje 48

No Anticipes Problemas 51

Elige Bien tus Pensamientos...54

Las Etapas de la Vida 56

Avanzando Hacia lo Nuevo...59

Mira Hacia Arriba..62

~Perlas para Limpieza Mental~

Suelta las Cargas Inútiles...69

El Miedo y La Preocupación 71

Enemigos de la Felicidad...73

Malezas Mentales 75

Venciendo la Envidia...78

Puedes Superar la Timidez 81

Está Permitido Evitar a los Pesimistas 83

El Mal Negocio de Vender las Penas 85

No Es Mi Culpa, ¿o sí?...88

Ligero de Equipaje...91

~Perlas sobre el Nuevo Pensamiento y la Ley de Atracción~

La Ley de Atracción 95

Cómo Atraer el Éxito...97

Siembra y Cosecha 100

Destino vs. Libre Albedrío 102

La Ley de tu Ser...104

El Poder de las Palabras...106

Observa qué Almacenas En Tu Mente 108

Tu Pensamiento Debe Ser Grande..110

Filosofía del Nuevo Pensamiento 112

Tu Edificio Mental...114

~Perlas para Crear la Mejor Versión de ti Mismo ~

Cómo Causar una Buena Impresión 119

Busca la Belleza...122

Disciplina tu Ejército Mental..124

Hazlo Ahora...127

Inténtalo de una manera diferente 131

Buenos Hábitos..134

El Primer Pensamiento del Día..137

Cada Día Trae su Propio Afán..139

Pon amor en tu Trabajo 141

Resuelve ser Amable 144

~Perlas que te Ayudan a Creer en Ti~

Yo Puedo y lo Haré 149

Todo es Posible..152

Cultiva la Actitud Triunfante..154

Tienes Derecho a lo Mejor 156

Una Voluntad Decidida 158

Un Paso Cada Día..160

Puedes Lograr lo que Quieras..162

Haré Que Este Día Sea Exitoso 165

La Actitud Proactiva..167

Construye una Buena Imagen de ti Mismo 170

~Perlas que Muestran el Valor de la Adversidad~

Jerry y el Oso...175

Las Dificultades Despiertan Grandes Cualidades 180

Cómo Afrontar las Situaciones Difíciles 182

Estás en el Lugar Correcto.......................................186

Confía en la Ley 188

Dos Bellotas...191

Las Lecciones de la Vida..194

Las Apariencias Engañan 197

La Vida No es un Juego de Azar.............................199

Dentro de Ti está el Poder 201

REFERENCIAS 205

INTRODUCCIÓN

Una de las principales enseñanzas que nos entrega el Nuevo Pensamiento es que "si cambias tus pensamientos, cambias tu vida". Esto se debe a que todo lo que existe a nuestro alrededor, los acontecimientos y las circunstancias que encontramos, incluso las personas que forman parte de nuestra vida, todo es atraído por el estado mental que habitamos. Y este estado es el resultado de los pensamientos que comúnmente albergamos en nuestra mente.

Muchas personas tienen el hábito de admitir cada pensamiento que se presenta, sin detenerse a analizar de dónde viene, por qué se originó o, lo que es más importante, si es un pensamiento beneficioso que les hace sentir bien o, por el contrario, los perjudica y les hace daño. Simplemente, aceptan lo que llega y permiten que haga su morada allí, con las respectivas consecuencias.

Por eso, lo que hace falta es crear un nuevo hábito y ese es precisamente el propósito de este libro, con él quiero ayudarte a que adquieras el hábito de ser consciente de lo que piensas y que dejes entrar solo los pensamientos que te ayuden a crear la vida que deseas. Entonces, cuando te sientas deprimido, desanimado, cuando sientas que te faltan fuerzas para seguir adelante, no te dejes llevar por esas nubes de pensamientos negativos que te impiden ver el sol. En su lugar, busca en estas páginas algún escrito que te devuelva la esperanza, que te haga mirar en lo más profundo de tu alma y te reconecte con la luz.

Este libro no está destinado a ser uno de esos que, tras su lectura, dejas a un lado, sino que pretende ser un amigo, un compañero que te ayude a despejar tu mente, a atraer nuevos pensamientos y, en definitiva, a alcanzar la vida de felicidad y plenitud que está preparada para ti.

Ahora, toma cada perla que comparto en este libro y llévala contigo en tu viaje. Estas perlas no me pertenecen solo a mí, son tuyas, hazlas parte de tu vida.

~ Marcela Allen

~Promete a Ti Mismo~

Ser tan fuerte que nada pueda perturbar tu paz mental.

Hablar de salud, felicidad y prosperidad a cada persona que encuentres.

Ver el lado bueno de todo y hacer realidad tu optimismo.

Olvidar los errores del pasado y seguir adelante hacia los grandes logros del futuro.

Dedicar tanto tiempo a mejorarte a ti mismo que no tengas tiempo para criticar a los demás.

Ser demasiado grande para la preocupación, demasiado noble para la ira, demasiado fuerte para el miedo, y demasiado feliz para permitir la presencia de problemas.

Pensar bien de ti mismo y proclamar este hecho al mundo, no con palabras fuertes, sino con grandes hechos.

Vivir con la fe de que el mundo entero está de tu lado mientras seas fiel a lo mejor que hay en ti.

~Christian Larson

~ Perlas que Ayudan a Avanzar ~

1.

Un Nuevo Comienzo

No empieces este nuevo año hablando contigo mismo, o con los demás, sobre todas tus pérdidas y tristezas. ¡Deja atrás el pasado!

Si un buen amigo te diera material para una hermosa prenda de vestir, ¿lo insultarías, desechándolo y describiendo las hermosas prendas que has llevado en el pasado? Este nuevo año te ha dado la tela para un nuevo comienzo en la vida, ¿por qué insistir en los hechos que se han ido; las alegrías, las bendiciones y las ventajas del pasado?

No me digas que es demasiado tarde para tener éxito o ser feliz. No me digas que estás enfermo o quebrantado de espíritu, el espíritu no puede estar enfermo ni quebrantado, porque es de Dios. Es tu mente la que enferma a tu cuerpo. Deja que se imponga el espíritu y reclama salud, esperanza y felicidad en este nuevo año.

Olvida el dinero que has perdido, los errores que has cometido, las heridas que has recibido, las decepciones que has experimentado.

Quizás te resulte difícil olvidar el dolor real —el dolor que proviene de la muerte de algún ser querido, o de alguna pesada cruz. Pero piensa que estas cosas son enviadas para enriquecer tu naturaleza, para hacerte más humano y más compasivo. Si te dejas llevar por la melancolía y la indignación, la desperdiciarás.

Es pesado e irrazonable imaginar que el destino te ha seleccionado para un sufrimiento especial. El dolor no hace acepción de personas.

Con el comienzo de este año, proponte considerar todos tus problemas como una educación para tu mente y tu alma; y que a partir de las experiencias vividas construirás un carácter noble y majestuoso, y una carrera exitosa.

No me digas que eres demasiado viejo. La edad es todo imaginación. Ignora los años y ellos te ignorarán a ti.

Come con moderación y báñate con agua tan fría como la lluvia de la naturaleza. Haz ejercicio con regularidad y dedicación.

Mantente vivo, de la cabeza a los pies. Respira profundamente, llenando cada célula de tus pulmones, durante al menos cinco minutos por la mañana y por la noche, y cuando realices inhalaciones largas y profundas, piensa y cree que estás inhalando salud, sabiduría y éxito.

Anticipa la buena salud. Si no llega de inmediato, considéralo un simple retraso temporal y continúa esperándola.

Considera cualquier dolencia física como un inconveniente pasajero, nada más. Nunca, ni por un instante, creas que estás permanentemente enfermo o incapacitado.

Los jóvenes de Francia están estudiando la alquimia con la esperanza de conocer el secreto de la transmutación del oro. Si estudias tu propio espíritu y sus poderes ilimitados, obtendrás un secreto mayor que el de cualquier alquimista; un secreto que te dará todo lo que desees.

Piensa en tu cuerpo como un joyero de plata, en tu mente como el forro de seda y en tu espíritu como la joya. Mantén la caja brillante y sin polvo, pero recuerda siempre que la joya que se encuentra en su interior es lo más valioso.

Piensa que estás en el umbral de un éxito insuperable. Tienes ante ti un año entero, brillante y glorioso. En un año puedes recuperar la salud, la fortuna, el descanso, la felicidad.

Decreta ahora mismo que este será un año maravilloso, lleno de amor, salud, fortuna, paz y felicidad,

¡Adelante, avanza, triunfa!

~ Ella Wheeler Wilcox

2

Olvídalo

Hay una expresión que se escucha muy a menudo en la calle: "Olvídalo". En mi opinión, si la gente la pusiera en práctica, habría más rostros alegres y más corazones ligeros.

Después de todo, ¿de qué sirve llevar una cara larga o el corazón triste solo porque en el pasado algo nos "salió mal"?, o incluso, si nosotros mismos "lo hicimos mal" (y la mayoría de nosotros lo hemos hecho, lo sé) ¿De qué sirve? Olvídalo.

Por supuesto, no vas a olvidar las experiencias pasadas, y no quieres hacerlo. Esa es una de las cosas para las que vivimos: para adquirir experiencia.

Cuando realmente hemos aprendido una cosa a través de la experiencia, nunca la olvidamos —forma parte de nosotros. Pero ¿para qué incomodarse con el recuerdo del dolor, del "desliz", de los sentimientos heridos, de la confianza traicionada, de lo que se hizo mal, de la oportunidad que dejaste pasar, del "podría haber sido" y de todo lo demás? ¿De qué sirve? Olvídalo, repito, olvídalo.

Si uno se preocupa por todas las cosas que salieron mal en el pasado; si tiene que sacar todos los días cada recuerdo y, después de desempolvarlo cuidadosamente, acariciarlo y abrazarlo; si tiene que recoger estos fantasmas del pasado —estas cosas mohosas y apolilladas— no tendrá tiempo para los asuntos de hoy. Perderá toda la alegría del ahora, todo el placer de la vida del momento, todo el interés por las cosas de hoy. ¿De qué sirve? Olvídalo.

Conozco a algunas personas que no son felices a menos que tengan alguna antigua pena abrazada a su pecho, incluso parece que se sienten culpables si sonríen y la olvidan, aunque sea por un momento. Cómo se regocijan en su propia infelicidad renovada; cómo disfrutan reviviendo los dolores y las penas, los errores y la ignorancia de años pasados. Cómo les gusta tener el lobo a su lado y dejar que les coma el corazón. Estas personas son realmente felices en la infelicidad y la vida no valdría la pena si se les privara de sus penas favoritas. Por supuesto, si estas personas son realmente felices en su infelicidad, no tengo nada que objetar. Cada quien tiene derecho a buscar la felicidad a su manera y no debo criticar si la manera de otra persona es diferente a la mía.

Sin embargo, es lamentable ver cómo la gente pierde su tiempo, su energía, sus pensamientos y su vida en esas antiguas penas.

Si quieres pensar en el pasado, ¿por qué no piensas en las cosas brillantes que llegaron a tu vida, en lugar de las oscuras? Piensa en los momentos felices, no en los momentos tristes. No dejes que esa experiencia dolorosa en particular envenene tu vida actual. No lo hagas. ¿De qué sirve? Olvídalo.

Cada dolor que ha aparecido en tu camino te ha aportado su experiencia: eres mejor y más sabio por ello. Míralo así y dejarás de lamentarte, de llorar y de retorcerte las manos por el hecho de que en el pasado "has hecho cosas que no debías hacer y has dejado sin hacer las que debías hacer" ¡Tonterías! Has adquirido la experiencia y ahora sabes más.

Si volvieras a estar en esa misma situación y te faltara la experiencia que adquiriste con ello, volverías a hacer lo mismo y de la misma manera. No podrías evitarlo porque serías la misma persona de antes.

Lo que te gustaría sería volver a estar en la misma situación y enfrentar la misma tentación o el mismo problema que antes, pero te gustaría llevar contigo la experiencia que has adquirido con tu anterior error. Quieres el pastel y el centavo al mismo tiempo. Quieres la experiencia sin el dolor. Claro que sí, eso es lo que quieres; yo también he pasado por eso y lo sé.

Has adquirido la experiencia, siéntete satisfecho. Algún día necesitarás esa experiencia y te alegrarás de tenerla, y verás que ha valido la pena todo lo que has pagado por ella. No, ¿no lo ves así? Bueno, tal vez no has tenido suficiente, aún no has aprendido la lección. Si es así, un día de estos la ley te volverá a meter en la olla, hasta que estés bien preparado. La ley no se conforma con gente a medio hacer.

Las personas que llevan estas cargas del pasado generalmente entran en la actitud mental que atrae otras cosas del mismo tipo hacia ellas. A la infelicidad le gusta la compañía, y a un pensamiento desdichado también le gusta la compañía, y casi siempre se las arregla para atraer alguna otra cosa desdichada para no sentirse solo. La única manera de librarse de un pensamiento así es olvidarlo.

Ahora bien, si hay algo que carcome tu corazón, que envenena tu mente, sácalo y míralo por última vez. Dale una última mirada persistente. Dale un beso de despedida. Llora por él si quieres, porque es la última vez que lo verás. Luego, abre la ventana de tu mente y lánzalo a la oscuridad de afuera. ¡Olvídalo!

~William Atkinson

3.

Considérate muy Dichoso

Casi a cada paso nos encontramos con algo que creemos que debería ser diferente. Enojarse, criticar o condenar nunca ayuda lo más mínimo; al contrario, esos estados mentales son perjudiciales para la salud y la felicidad.

La mente crítica se desgasta pensando en lo malo y, mientras tanto, lo malo sigue empeorando. Sentirse decepcionado porque el universo no se mueve según nuestro gusto, no cambiará el universo, sino que producirá debilidad en nuestra propia mente y cuerpo.

La forma habitual de afrontar los problemas de la vida no resuelve nada. Tratar de resistir suele atraparnos en la adversidad y en los problemas. Pero el apóstol Santiago nos ha dado una pista sobre qué hacer en tales circunstancias: "Considérense muy dichosos". ¡Ese es el secreto!

Considérate muy dichoso, no importa lo que venga, aceptando todas las adversidades, sin enemistarse con nada y sin condenar a nadie.

Cuando no recibas lo que buscabas, no te sientas decepcionado, ni siquiera por un momento. Considérate muy dichoso porque significa que te espera algo aún mejor; entonces, ¿por qué no vas a considerar ese acontecimiento como una gran alegría?

Cuando las cosas que vienen no son como tú quieres, quiérelas como vienen. Considérate muy dichoso y cada adversidad te entregará su poder. Cuando afrontes todo con la convicción de que las cosas trabajan para tu bien, lo malo se convertirá en bueno y sacarás lo mejor de la situación.

Cuando la gente hable mal de ti, de seguro te sentirás ofendido al pensar que han hablado cruelmente, pero si tus ojos son demasiado puros para contemplar la iniquidad, seguirás tu camino como si nada se hubiera dicho; considérate muy dichoso y así recibirás la alegría de tu noble posición.

Cuando te pidan que hagas ciertas cosas, no procedas con el sentimiento de estar obligado a hacerlas. Nunca digas: "Tengo la obligación de hacerlo", más bien di: "Es una oportunidad que tengo el privilegio de aprovechar". Entrénate para querer hacer lo que tu esfera actual de la vida pueda exigir.

Cualquier cosa que tu esfera actual de acción requiera de ti, eres capaz de hacerla. Las tareas que parecen difíciles y las exigencias que parecen imposibles no son ni difíciles ni imposibles. Son simplemente oportunidades para que te conviertas en lo que nunca fuiste antes. No son más que caminos hacia mayores logros, alegrías más dulces y una vida más grande.

Si en el presente no consigues alcanzar o realizar lo que esperabas, no te sientas decepcionado. Decídete a ser tan feliz en las condiciones actuales como esperas serlo en las condiciones que buscas. El sentimiento de decepción no se produce por los acontecimientos, se produce por tu propia actitud hacia ellos. Cuando sabes que la eternidad es larga y que te esperan innumerables alegrías, no te sentirás triste o decepcionado ahora porque se haya postergado un acontecimiento insignificante.

Cuando te consideras muy dichoso, sabes que siempre puedes producir dicha. Sabes que todo lo que sucede es para mejor, porque tienes el poder de hacer que sea para mejor. No dependes de los acontecimientos para ser feliz. La felicidad no viene de lo que hacemos o de dónde vamos. La felicidad viene de lo que somos ahora y de lo que creamos con lo que está presente ahora.

Ya sea que estemos solos en una buhardilla o en un hermoso salón de baile, la cantidad de felicidad que recibiremos en cualquiera de los dos lugares dependerá enteramente de nuestra propia actitud mental.

Quien afronta la adversidad con una actitud de paz, armonía y alegría convertirá a los enemigos en amigos y a los fracasos en un mayor bienestar.

~ Christian Larson

4.

Sigue la Luz

Muchos de nosotros deberíamos aprender una lección de una niña que vivía en los barrios más pobres de una gran ciudad y que ganó un premio en una exposición de flores.

Cuando le preguntaron cómo había conseguido cultivar su hermosa planta en el oscuro callejón donde se encontraba su casa, respondió:

—"Donde vivo hay dos edificios muy altos, pero entre ellos queda un pequeño espacio por donde entra un rayo de sol. Así que, todos los días llevaba allí mi plantita y la iba moviendo a medida que se movía el sol. De esta manera, conseguí mantenerla siempre a la luz del sol y hacer que creciera la flor que recibió el premio".

Ahora bien, todos tenemos al menos un poco de sol en nuestras vidas, algo por lo que podemos estar agradecidos, si dirigimos nuestra mirada hacia ello, podemos seguir creciendo. Sin embargo, no aprovechamos plenamente el sol que tenemos, como lo hizo la niña.

Hay muchas cosas en la vida cotidiana que incluso el más pobre de nosotros podría disfrutar, solo tenemos que detenernos de vez en cuando y observar, escuchar, pensar, tratar de ver las cosas en su verdadera luz, escuchar las voces de la naturaleza, ver los milagros que ocurren a nuestro alrededor en todas partes en el gran laboratorio de Dios. Podríamos ser felices en las situaciones más comunes de la vida si solo aprendiéramos a profundizar en las cosas sencillas, a apreciarlas, a ver su maravillosa belleza.

Aquel que ha adquirido el hábito de ver el lado bueno de las cosas tiene una gran ventaja sobre el pesimista crónico que nunca ve nada bueno. No hay otro hábito en la vida que pueda traer más felicidad y satisfacción que el de ser alegre y seguro en todas las circunstancias.

Por qué no tomar esta resolución: "Pase lo que pase — o lo que no pase— tanto si fracasas en tu negocio como si tienes éxito, permanecerás alegre, esperanzado, optimista y agradecido por las cosas buenas que tienes".

En casi todo podemos encontrar algo de felicidad si la buscamos. El problema con nosotros es que, en general, queremos más de lo que tenemos para sentirnos felices y no estamos lo suficientemente agradecidos por las muchas cosas que tenemos para disfrutar hoy.

~ Orison Swett Marden

5.

El Hábito de la Felicidad

Por muy fuerte que sea su deseo o su gusto por la música, el que no ha nacido músico tiene que esforzarse más para adquirir destreza en el arte, que aquel que posee el talento natural. Del mismo modo, la persona que no está dotada de impulsos alegres necesita esforzarse para adquirir el hábito de la felicidad. Creo que es posible hacerlo.

A esa persona triste, inquieta o desconforme, le diría que comenzara cada mañana con el propósito de encontrar algo que le haga disfrutar ese día. Que busque un poco de felicidad en cada experiencia que se le presente. Le sorprenderá descubrir que muchas cosas que parecían absolutamente molestas tienen un lado instructivo o divertido.

Efectivamente, cuando te detienes a observar, descubres que incluso en el deber más desagradable hay una cierta felicidad que has ido apartando de tu camino. Si es uno de esos deberes que tienen la incómoda costumbre de repetirse continuamente, al menos puedes decir que estás aprendiendo paciencia y perseverancia, que son dos grandes virtudes esenciales para cualquier felicidad permanente en la vida.

No esperes la felicidad de mañana, sino que descúbrela hoy, te aseguro que la encontrarás si la buscas. Cada mañana considérate un explorador en un nuevo reino.

Deberíamos enseñar a los niños, desde su más tierna infancia, a encontrar diversión en todo tipo de condiciones y climas. Si escucha a sus mayores maldecir y lamentar un día de lluvia, la plástica mente del niño recibe rápidamente la impresión de que un día lluvioso es un desastre. Cuánto mejor es hablar en su presencia de la bendición de la lluvia y enseñarle a disfrutar de los diferentes estados de ánimo de la naturaleza.

La felicidad debe venir de adentro para responder a lo que viene de afuera. Debemos aprender a cultivar la felicidad como un arte o una ciencia.

~ Ella Wheeler Wilcox

6.

Cuadros Mentales

Recientemente, una amiga me dijo: "Ahora solo cuelgo cuadros alegres en mi mente". Sin necesidad de más palabras, su comentario me explicó la causa de su actitud radiante y feliz, tan opuesta a la mujer abatida e inquieta que era hace unos meses.

"Cuelgo cuadros alegres en mi mente" ¿Por qué no?

Si estuviéramos preparando una nueva habitación para ser ocupada por un ser querido, ¿no pondríamos solo los cuadros más bonitos? O ¿acaso colgaríamos cuadros de dolor, de odio, de celos y venganza, de enfermedad y sufrimiento; de fracaso y desaliento? No. Sabemos instintivamente que los temas sombríos y desagradables afectarían al ser querido. Del mismo modo, sabemos que los temas alegres e inspiradores seguramente animarán y motivarán al ocupante de la habitación.

¿Has notado que algunas habitaciones parecen ejercer siempre un efecto beneficioso sobre ti, mientras que otras parecen deprimirte? Pues bien, la próxima vez que entres en esas habitaciones, observa un poco y comprueba si la explicación de tu estado de ánimo no se encuentra en el carácter de los cuadros de las paredes. Es posible que no lo hayas notado antes, pero tus facultades mentales subconscientes han captado la impresión y te ha afectado el acto reflejo.

Si los cuadros sombríos en la pared afectan a las personas, ¿cuál crees que puede ser el efecto de llevar imágenes mentales sombrías, temerosas, resentidas, celosas, envidiosas y abatidas? ¿Puedes sacar algo bueno de llevar esta basura contigo?

Ahora es el momento de hacer una limpieza mental: ponte a trabajar y elimina esas imágenes desagradables y sustitúyelas por obras de arte mentales hermosas, alegres y brillantes. Hazlo hoy mismo. No puedes dejarlo para mañana.

¡Oh, sí! Sé que te has encariñado con algunas de esas imágenes mentales; las has guardado tanto tiempo que no quieres separarte de ellas. Está esa horrible imagen que tanto te gusta mirar… ya sabes a cuál me refiero. Tienes la costumbre de ponerte delante de esa imagen con las manos juntas y mirarla, una y otra vez. Y mientras más la miras, más desdichado te sientes, hasta que al final sientes que quieres acostarte y morir; solo que no puedes hacerlo porque tienes trabajo pendiente. Sí, esa es la imagen a la que me refiero. Bájala y ponla encima del montón de la basura.

Luego, cuelga todas las imágenes nuevas que encuentres, la más bonita de todas debes colgarla donde estaba esa horrible imagen vieja que tiraste, la que tanto te costó eliminar (siempre es la peor de todas).

Qué bien te sentirás después de haberlo hecho. Verás lo radiante y alegre que brilla el sol; cómo el aire parece más puro y fresco, toma una buena dosis de él; mira por la ventana y observa las nubes blancas y esponjosas que flotan en el cielo; contempla lo azul que es el cielo, y simplemente escucha a los pájaros volar por el cielo. Parece que se acerca la primavera.

Ah, ¡qué bueno es estar vivo!

~ William Atkinson

7.

Simplemente Alégrate

Dondequiera que estés o lo que sea que haya sucedido, simplemente alégrate. Alégrate y tu destino cambiará; comenzará una nueva vida y surgirá un nuevo futuro para ti. Todas las cosas buenas y agradables comenzarán a llegar a tu mundo y te enriquecerás mucho más allá de tus expectativas, tanto en el interior como en el exterior.

Cuando te ocurra algo malo, piensa que el bien sigue estando en tu poder y es mucho mayor que todo lo malo que puedas encontrar. Entonces, recuerda con regocijo que ni el mal ni lo incorrecto pueden existir por mucho tiempo bajo el sol radiante de un alma triunfante y alegre.

Si has perdido algo, no lo lamentes. Alégrate y vuelve a empezar. Alégrate de poder empezar de nuevo. Alégrate de saber que el futuro es siempre más pleno y mejor que el pasado, si solo intentamos que así sea. Entonces, olvida la pérdida y alégrate porque tienes el poder de obtener algo mucho mejor a cambio.

Cuando el destino te parezca cruel, no seas cruel contigo mismo, desanimándote o desalentándote. Por el contrario, regocíjate en el hecho de que eres más grande y más fuerte que cualquier destino; que tienes el poder de dominar toda tu vida y determinar tu destino siguiendo tu propia voluntad invencible. Entonces, decide que comenzarás inmediatamente a demostrar esa fuerza y a hacer que todos los elementos del destino te acompañen y trabajen contigo para construir ese futuro mejor.

Cuando los infortunios o las catástrofes se apoderen de tu vida, no pienses que la Providencia lo ha ordenado así. No creas que tiene que ser así. Al contrario, olvida el dolor y la pérdida, y felicítate por el hecho de que ahora tienes el privilegio de construir cosas más grandes que antes.

No llores por la pérdida, sino que alégrate pensando que ahora estás llamado a saborear la gran sabiduría y el poder que hay en ti. Has sido llevado a un nuevo mundo. Ante ti se extienden vastos campos de oportunidades no desarrolladas e inexploradas, campos que no habrías conocido si no te hubiera ocurrido esta aparente desgracia. Por lo tanto, considéralo una alegría. Todas las cosas están trabajando juntas para un bien mayor. Ahora te corresponde avanzar con alegría y abrazar el bien mayor. Te esperan una vida más plena y un futuro mejor.

Alégrate por las cosas que tienes y te darás cuenta de que tienes mucho más de lo que creías. Entonces no lamentarás lo más mínimo las cosas que no tienes. Además, cuanto más feliz seas por lo que tienes, más recibirás en el futuro.

Alégrate, porque nada es tan malo como parece. Recuerda que la luz del sol puede desvanecer cualquier tristeza y tú puedes crear en ti mismo todo el sol que necesites, así que alégrate.

Cuando todo parezca perdido, recuerda que se necesita fuerza para recuperarlo todo; y el que permanece fuerte es el corazón alegre. Si el corazón se entristece, la debilidad se apoderará de ti y no te será posible recuperar tu posición. Por lo tanto, alégrate, independientemente de lo que ocurra.

Descubrirás que cuanto más te alegres, más cosas tendrás para alegrarte. La alegría es un imán y atrae más de todo lo que puede aumentar la alegría. Simplemente, alégrate —siempre y en cualquier circunstancia— y no se te negará nada que pueda aumentar tu bienestar y felicidad.

Alégrate porque quieres estar alegre, independientemente de los acontecimientos, y habrás encontrado esa fuente interior de alegría que siempre está lista para desbordarse.

Por encima de todas las cosas, posee alegría y pronto poseerás las cosas que producen alegría.

Así que, cualquier cosa que venga, alégrate. ¡Simplemente alégrate!

~ Christian Larson

8.

Todo Está Bien

¿Cómo pretendemos que el mundo vea el camino correcto si no estamos rebosantes de alegría? El mundo tiene ahora demasiadas caras tristes. Los vemos por todas partes con una mirada resignada, que parece decir: "Un desaire más o uno menos me da igual. Ya estoy tan triste que nada importa; puedo soportarlo".

Esto estaba bien cuando pensábamos que todo estaba mal, pero ahora que sabemos que "todo está bien en el mundo" debemos superar esta depresión que nos priva del poder de atracción de las cosas buenas de la vida.

La persona que siempre está feliz se rodeará de gente feliz y la vida será una alegría continua. Esto no le roba a nadie. No hace una raza de gente irresponsable. Hace un mundo de alegría, un mundo en el que es bueno vivir.

Nadie quiere asociarse con los muertos. La gente busca una expresión más abundante de la vida, no la depresión, ni la búsqueda de defectos. No busques defectos en los demás; supera la idea de condenar a las personas y a las cosas. Las personas y las cosas están bien, déjalas en paz y disfruta de la vida. Tu propia atmósfera animará y elevará a las personas que entren en contacto contigo y una nueva vida entrará en ellas.

Alégrate y espera lo mejor. No te sientes a esperar problemas; no tengas nada que ver con ellos. No forman parte del plan divino. Es una ilusión del sentido material.

Espera que todo aparezca en tu camino. Debes estar feliz y alegre si deseas atraer del almacén del infinito. Abre toda tu conciencia a las grandes posibilidades de la vida. Alinéate con las grandes cosas. Cuando pronuncies la palabra, espera que suceda, sabiendo que debe ser como dices. Esto no es engañarse a sí mismo, sino simplemente utilizar la ley tal como debe ser utilizada.

La vida es un asunto de hoy. No habrá cambio mañana a menos que hagamos el cambio hoy. Es el día de hoy cuando ponemos en marcha el poder del mañana. Hoy es el día de Dios y debemos sacar de él lo que tenemos que vivir. En el curso divino de los acontecimientos, el mañana se ocupará de sí mismo. El alma que aprende a vivir en la gran alegría del hoy no se cansará nunca de la vida, sino que descubrirá que vive en un eterno aquí y ahora.

Todo el bien es tuyo ahora. Toda la vida, la verdad y el amor ya son tuyos. Todo lo bueno de la vida es tuyo hoy.

~ Ernest Holmes

9.

El Arte de Estar Vivo

De cada mil personas que viven en esta tierra, no más de una está viva.

Estar realmente vivo significa algo más que ser una criatura humana que se mueve, respira, come, bebe y habla.

El que está realmente vivo encuentra que los días son demasiado cortos para todas las maravillosas excursiones que la vida ofrece al aventurero entusiasta. Considera que la vida misma es una aventura continua, un panorama que se despliega con oportunidades de placer y logros a cada paso.

El que está realmente vivo se considera a sí mismo como un interesante objeto de estudio, por muy insatisfecho que esté con los resultados actuales de ese estudio, pues percibe que es una pieza en bruto de la Eternidad, y que en él están latentes todos los poderes y posibilidades del Universo. Asimismo, que en él se encuentra la voluntad de desarrollar esas posibilidades.

El que está realmente vivo disfruta de la tierra y de todos sus placeres. Ama la caricia del viento en su mejilla, el golpe de las olas en su pecho, el movimiento de sus piernas al caminar rápidamente; el éxtasis del ritmo en la danza. Ama el trabajo y la fatiga que le sigue, y en su armónica estructura no hay un solo músculo perezoso o inutilizado.

Pero estar vivo no se detiene aquí. Quien practica el arte de estar vivo en toda su extensión tiene un cerebro alerta y receptivo, y un espíritu despierto. Con ellos encuentra la triple oportunidad de felicidad, utilidad y placer en la existencia. Conoce los placeres del plano físico, para el que su cuerpo está formado; atrae hacia sí los placeres del plano mental, y siente los placeres del plano espiritual que está cerca y obtiene poder de él.

El que está vivo en todos estos aspectos debe irradiar luz, alegría, simpatía y ayuda a todos los que entran en su aura. Al estar vivo a las vibraciones de los tres reinos, conoce todas las tentaciones; y como él mismo ha dado muchos pasos en falso en su camino de desarrollo, puede simpatizar, aconsejar y ayudar a avanzar a aquellos que no han podido seguir su ritmo en su progreso.

El que está realmente vivo se da cuenta de que, si quiere alcanzar el éxito en cualquier proyecto, debe utilizar su posición y su entorno actual como su primer campo de acción. No debe esperar a que la suerte o un milagro le den un cambio de lugar y un entorno más a su gusto. A partir de lo que el destino le ha entregado, debe crear las condiciones que desea.

Ninguna dificultad puede desanimar a quien ha adquirido el arte de estar vivo, ningún obstáculo lo puede perturbar, ningún problema lo puede desalentar. Las dificultades no son más que desafíos del destino, los obstáculos no son más que vallas para probar su capacidad, los problemas no son más que tónicos amargos para darle fuerza; así se eleva más alto y se hace más grande después de cada encuentro con la adversidad.

El que está realmente vivo encuentra placer en las cosas más simples, y para él nada es común, nada es insignificante.

Si te aburres de la vida y del trabajo, si crees que los años de la primera juventud son los únicos tiempos felices, si piensas que el amor y el romance son sentimientos pasajeros, si consideras que la vida cotidiana no tiene sentido, si crees que eres demasiado viejo o estás demasiado ocupado para hacer algo que valga la pena con tus oportunidades, entonces no estás vivo.

Si crees que la enfermedad, la pobreza y la infelicidad no pueden cambiarse por la salud, la prosperidad y la paz, entonces no has nacido, y si crees que la elasticidad del cuerpo y de la mente; la actitud entusiasta; los logros dignos y la alegría de vivir no pueden acompañar a un ser humano cuando pasa la barrera del medio siglo, no estás vivo. Simplemente existes. Y estás perdiendo tu maravillosa oportunidad de utilizar estos días dorados para el bien del mundo y para tu propio bien, conociendo y utilizando la Voluntad Divina dentro de ti.

~ Ella Wheeler Wilcox

10.

Filosofía de la Risa

Había una vez un viejo filósofo que enseñaba que solo había una respuesta para todos los problemas, incluso los más complejos de la vida, y esa respuesta era la risa.

La gente acudía a él con todo tipo de problemas, pidiéndole consejo. Pero el anciano invariablemente respondía:

—"Ríete un rato del asunto y verás cómo se aclara solo".

Muchos pensaban que era una persona insensible, mientras que otros seguían sus consejos y se beneficiaban de ellos.

A veces pienso que el viejo filósofo sabía más que los demás. De hecho, he descubierto que hay pocas cosas que no tengan un lado divertido, además de uno serio. Cuando podemos ver ese lado divertido, de alguna manera las otras facetas del caso parecen menos serias y dolorosas. Si solo podemos reírnos de una cosa —aunque sonriamos entre lágrimas— nos sentiremos mejor.

Hay una vieja historia, de la Edad Media, sobre un monje que era tan propenso a reírse que no podía quedarse callado, ni siquiera en la iglesia. En consecuencia, después de su muerte fue enviado a las regiones inferiores como castigo por su frivolidad en los eventos sagrados y solemnes.

Belcebú se apiadó de él, o se divirtió con la sonrisa que mostró al entrar por las puertas de bronce, así que lo colocó en uno de los lugares menos desagradables de toda la región infernal. El monje comenzó a contar historias graciosas y pronto toda la multitud se estaba divirtiendo tanto que se olvidaron de que estaban en un lugar de tormento.

Para mantener la reputación del lugar, Belcebú se vio obligado a enviarlo a una cámara un poco más caliente. Pero el monje seguía riendo y hacía que el lugar fuera muy agradable. Belcebú, muy preocupado, siguió cambiándolo de lugar, una y otra vez, pero el monje continuaba con su habitual alegría, hasta que finalmente fue colocado en el peor cuarto de todo el lugar. Aun así, no hubo ningún resultado. El monje se puso más alegre que nunca.

Belcebú empezó a recibir peticiones de los habitantes de los cuartos más fríos para que se les permitiera ir a los más cálidos y así disfrutar de la compañía del monje. Pero esto no fue lo peor. Las noticias empezaron a filtrarse, la gente perdió el terror al "lugar malo" y estaba bastante dispuesta a ser enviada allí. De hecho, algunos pensaban que incluso les gustaría más que el otro lugar, ya que no sería tan monótono.

Finalmente, Belcebú expulsó al monje, diciendo:

—"¡Fuera de aquí, bribón! Has arruinado el lugar, has convertido el infierno en un paraíso y si te dejo seguir, el lugar perderá su reputación".

Y así, el monje se fue a un lugar mejor y el Hades volvió a ser un lugar de tormento, sobre todo porque sus ocupantes recordaban los buenos tiempos, cuando el monje estaba allí, y su tormento se intensificaba con el recuerdo.

Por muy triste que te encuentres, hay muchas cosas de las que reírse si las buscas. Si no encuentras la forma, haz algo para provocar una sonrisa de alegría en el rostro de alguien que esté en peores problemas que tú, verás que se contagia y por fin podrás volver a sonreír.

Bebe un trago de la filosofía de la risa: te hará bien.

~ William Atkinson

~ Perlas de Sabiduría ~

11.

Yo Soy el Sol

Un día, repentinamente, vino a mi mente la idea: ¡Yo Soy el Sol de Dios! Esa fue para mí una idea gloriosa que se apoderó de mí y me transformó por la renovación de mi mente.

"YO SOY EL SOL DE DIOS" lo transformó todo para mí, en poco tiempo. Te diré algunos de los cambios que hizo en mí: Yo solía ser muy "sensible", a tal punto que la mitad del tiempo no conocía mi propia mente, y mis sentimientos estaban siempre heridos; aunque generalmente era demasiado orgullosa para demostrarlo.

Intenté desesperadamente conquistar mis sentimientos y evitar que me lastimaran, pero el éxito no coronó mis esfuerzos.

Finalmente, me cansé de consentir mis sentimientos y les dije, con justa indignación, que siguieran sintiéndose heridos hasta que se cansaran y se rindieran: ¡no recibirían más atención de mi parte! Se cansaron y se rindieron. El sol entibió mis sentimientos y los alegró para siempre.

Este es el camino. Me dije a mí misma:

—"Si Yo Soy el Sol del Bien, entonces mi única razón de ser es simplemente irradiar, brillar, enviar buenos pensamientos".

Ahora bien, ahí es exactamente donde había estado cometiendo un grave error. Siempre había intentado ser una luna en lugar de un sol. La luna es fría, oscura, estéril, receptiva, solo emite luz reflejada. Todo el tiempo yo había estado recibiendo todo: las ideas y opiniones de los demás e incluso todo tipo de heridas de ellos. Y, por si fuera poco, diariamente le rogaba a Dios que me diera: que me diera el Espíritu Santo, por no hablar de los cientos de otros favores que le pedía, de él y de otras personas.

Pero todo este tiempo yo era realmente un Sol, el Sol de Dios, hecho con el único propósito de enviar, más que de recibir. Tenía "vida en mí", como "el Padre tiene vida en sí mismo".

Para superar por completo toda esa sensibilidad, cuando mis sentimientos eran heridos, simplemente tenía que recordar que yo soy un sol hecho para brillar, en lugar de una luna hecha para recibir heridas del exterior.

Todo ser humano es literalmente un sol del Bien, hecho para irradiar. Si te ocupas estrictamente de enviar buena voluntad, como el sol irradia sus rayos, pronto encontrarás tus sentimientos bajo tu control.

Supongamos que cada vez que alguien se quejara del viejo sol, este se replegara sobre sí mismo y no enviara sus rayos. Si fuera "sensible", como la mayoría de la gente, eso es lo que haría. Pero el sol es demasiado sabio para eso. Se dedica estrictamente a su propio asunto de brillar. Brilla tan positivamente, y está tan absorto en hacer lo mejor, que no solo brilla sobre los "justos", que aprecian su brillo, sino que brilla alegremente sobre los "injustos", que solo se quejan a cambio. Es tan positivo que nunca siente una queja. Su brillo sale al encuentro de las quejas y las transmuta antes de que lo toquen.

La razón por la que nos sentimos heridos por las palabras poco amables de quienes nos rodean es porque nos olvidamos de brillar.

Cuando te despiertes por la mañana abre todo de par en par; acuéstate de espaldas, con los brazos extendidos, sin almohada y con una cobija ligera o, mejor aún, sin nada. Relájate, desde la cabeza hasta los pies; cierra la boca; respira suave y lentamente, llenando los pulmones lo más uniformemente posible hasta el fondo; aguanta la respiración, todo lo que puedas, sin esforzarte; luego observa cómo puedes soltar la respiración muy lenta y suavemente. Presta mucha atención a esto. Comprueba cómo puedes exhalar de forma lenta y constante. Ahora, "recupera el aliento" si lo necesitas —seguramente lo necesitarás, si no estás acostumbrado a respirar profundamente— y hazlo de nuevo. Repítelo de cinco a siete veces. Emplea unos cuatro segundos para inhalar, ocho segundos para contener la respiración y todos los que puedas para exhalar.

Repite este ejercicio dos o tres veces al día, siempre en la misma posición y con ropa holgada. Repítelo de nuevo cuando te retires por la noche. A continuación, ordénate dormir tranquilamente, respirar plenamente y despertar renovado a la hora habitual.

Ahora, echa los hombros hacia atrás, mantén la cabeza en alto, mira como un rey o una reina dulce y distinguida, dirige tus ojos hacia el cielo y respira. Inhala amor, poder, vida, lentamente y en silencio; deja que impregne cada átomo de tu ser y llene tu plexo solar de alegría; deja que te transmute. Luego, baja los ojos, extiende tus manos en señal de bendición y exhala suavemente y en silencio todas las alegrías para toda la humanidad.

~ Elizabeth Towne

12.

No Importa

Muchos de los males del mundo se deben a los sentimientos heridos y a la preocupación por lo que dicen y hacen los demás, así que necesitamos un nuevo lema. Probemos este: "No importa".

¿Por qué preocuparse y disgustarse si se prefiere a otra persona y no a ti? Hay mucho por hacer. Tienes tu lugar en algún sitio. ¿Qué importa si tu vecino se comporta de forma antipática? No podrá lastimarte a menos que te importe. ¿Por qué has de ir con el corazón resentido porque la gente no sigue tus consejos o insisten en hacer las cosas de manera diferente a la que tú apruebas? ¿Acaso eso les hará cambiar? Supongamos que algún miembro de tu familia es un poco maleducado o incluso grosero, ¿no ves que solo lo empeoras al darle importancia? Cuando muestres tu indiferencia, no de forma desafiante, sino que realmente "no te importe", verás que las cosas cambian.

Tú dices: "¡Los negocios van mal y tengo que preocuparme!" Bueno, la preocupación solo acelerará el final. Necesitas cuidarte para tener la mente despejada y poder actuar en caso de emergencia o de un cambio para mejor. Repite: "No importa".

Las personas sensibles siempre están sufriendo alguna nueva forma de tortura mental. No sufrirían en absoluto si se negaran a preocuparse. Además, si realmente te importa, no puedes remediar las cosas preocupándote. En realidad, estás siendo negativo y solo estás sufriendo.

Nunca podrás sacar el máximo provecho de la vida si dependes de algo o de alguien para ser feliz. Debes liberarte de la dependencia de todo, de lo contrario, estarás sujeto al azar y a los cambios. Te convertirás en una víctima de las circunstancias. Solo disfrutarás realmente de los amigos y de las cosas cuando sepas cómo vivir sin ellos.

¿Harás de tu pareja una necesidad? Entonces, lo convertirás en tu sirviente. Más bien deberías decir: "Voy a sacar toda la alegría de este momento. Hoy es todo lo que hay. Si mañana se va o busca compañía en otro lugar, entonces ya hemos sacado todo lo que tiene valor entre nosotros. Acompañarle ahora sería avivar los rescoldos para hacerlos brillar y hacerme creer que hay fuego. No importa; debo continuar con nuevas experiencias".

Del mismo modo, también debes saber vivir sin las cosas o te convertirás en su esclavo. Más bien, debes sacar de todo la esencia de la alegría del momento, y como la abeja sorbe el néctar y pasa, así tú pasas de bien en bien porque ninguna cosa se ha convertido en una necesidad para ti. Toma todo, pero no te aferres a nada; entonces las cosas se convierten en tu sirviente, no tú en su esclavo.

Temer la pérdida, sentirse herido, llorar por lo que se ha ido, es dar realidad al lado negativo de la vida y atraer un mal mayor en su cadena. Por la ley de la atracción, atraemos las cosas externas que corresponden a nuestro pensamiento y sentimiento interior, y pronto llega a nosotros lo que tanto temíamos. Digamos más bien: "¿Qué importa? Realmente, no importa. Ahora empiezo a olvidar". Entonces, estamos preparados para el pensamiento positivo.

No sigamos lo negativo, sino lo positivo; busquemos primero el reino de la conciencia, el espíritu interior y la fe en la vida, y todas las cosas nos serán añadidas.

~ Fenwicke Holmes

13.

Olvidar Conduce al Éxito

Cuando no tengas un éxito inmediato y todo te parezca desalentador, piensa que es solo una etapa del progreso y olvídate de ello por un momento. Descansa y reúne fuerzas para un impulso renovado. Este poder de olvidar es la mejor prueba de fortaleza mental.

Cuando todo parece sombrío, cuando el sol está oculto por las nubes de la desesperanza, cuando la vida es un fracaso y el mundo es un error, entonces, ser capaz de apartarlo de la mente, de interesarse por algo más ligero y alegre, y así ganar fuerza, es un atributo necesario para el éxito en cualquier tipo de actividad.

Cuando la mente está ocupada en cualquier trabajo u ocupación, entrega su fuerza, y cuando está felizmente empleada adquiere fuerza y poder. Si estás luchando, esforzándote y empujando incesantemente en intentos espasmódicos e infructuosos por adquirir riqueza material, te debilitas en todo momento y eres menos capaz de conseguir el fin deseado; pero, por el contrario, si puedes sacar el suficiente autocontrol para dirigir tu mente hacia canales más ligeros: salir a pasear o conducir por hermosos caminos rurales, ir a un partido o a jugar al billar, de hecho, cualquier diversión que disfrutes plenamente, entonces descansas la mente, la cual reúne fuerza mientras descansas. Posteriormente, tus temores parecerán tontos a la vista de tu mente renovada y te pondrás a trabajar animadamente, sin ningún esfuerzo ni debilitamiento de espíritu, haciendo lo que tienes a mano tan bien como puedas y construyendo una fuerte individualidad para el futuro.

Por lo tanto, ves lo necesario que es para tu bienestar y felicidad el poder de olvidar. Si no puedes olvidar tus problemas, repite para ti mismo, y piensa en ello mientras lo dices: "Yo tengo el poder de olvidar mis problemas".

Insiste firmemente en tener el poder de olvidar; no con impaciencia, con inquietud o con quejas, sino utilizando toda la confianza o fe que puedas reunir. Tu carga se hará más ligera, poco a poco tu mente se volverá sana y desaparecerá todo el miedo, que es la causa de tu preocupación.

Reconoce el maravilloso amor, poder y justicia del Infinito; reconoce que este poder está en ti y forma tu vida, y que si no interfieres llenando tu mente de dudas, desconfianza y la consiguiente preocupación de que no actúe, entonces, te conducirá suave y amorosamente hacia la felicidad y la prosperidad material.

~ Bruce Maclelland

14.

Considera los Lirios

Un lirio, o cualquier otra planta o flor, crece y se embellece bajo las leyes del universo tanto como el hombre o la mujer.

El lirio tiene la inteligencia suficiente para salir por sí mismo de la semilla, cuando es puesto en la tierra y es llamado por el sol a hacerlo; al igual que el hombre o la mujer, tiene la misma inteligencia (o debería tenerla) para salir al sol en un día agradable y absorber la vida y la fuerza enviada por el sol. Los que no lo hacen, que permanecen la mayor parte del tiempo en el interior, como consecuencia de esto, son débiles y descoloridos como las vides de patata que crecen en un sótano.

El lirio también tiene sentido suficiente para crecer hacia el sol. Si lo pones en una habitación, crecerá hacia la parte de la habitación donde entra la luz. Eso es simplemente porque quiere luz: sabe que la necesita y sigue lo que necesita, ya que siente que la luz es buena para él. Nosotros buscamos el alimento precisamente por la misma razón.

Ahora bien, en lo que el lirio nos supera, con su vida e inteligencia limitadas, es que no se preocupa ni se inquieta por el mañana. No se desgasta. Toma del agua, del aire, del sol y de cualquier elemento que haya en ellos, solo lo que necesita para el minuto, la hora o el día, solo eso y nada más. No se pone a trabajar acumulando una provisión adicional de agua o aire o sol para mañana, temiendo quedarse sin estas provisiones, a diferencia de nosotros que nos afanamos y desgastamos acumulando unos cuantos dólares extra para evitar la pobreza que tememos. Si lo hiciera, gastaría todas sus fuerzas en acumular estas provisiones adicionales y nunca se convertiría en un lirio perfecto, capaz de eclipsar a Salomón en toda su gloria.

Si el lirio, con su limitada inteligencia, se preocupara y se inquietara por el temor de que el sol no brillara mañana o de que no hubiera agua, seguramente se convertiría en una flor abatida y desamparada. Gastaría la fuerza que necesita para tomar y asimilar los elementos que necesita para convertirse en un lirio.

Si una mente se preocupa y asume cargas que exceden las necesidades del día, se privará del poder de atraer hacia sí lo que realmente necesita para el crecimiento, la salud, la fuerza y la prosperidad de hoy.

Esto lo digo literalmente y no en sentido metafórico. Quiero decir que, exactamente como el lirio, aliviado, sin cargas, sin preocupaciones, atrae de los elementos que lo rodean todo el poder para crecer y vestirse de belleza, exactamente así, la mente humana aliviada y sin preocupaciones atrae hacia sí mil veces más de lo necesario para llevar a cabo sus planes y alcanzar su felicidad. Pierde ese poder en el momento en que empieza a preocuparse.

Te escucho decir:

—"No puedo evitar preocuparme. Los tiempos son difíciles, los salarios son bajos, la vida es cara; la familia es numerosa, deben tener casa, comida y abrigo, y esto está en mi mente día y noche. Y tú hablas de no preocuparse en tales circunstancias. Eso es una tontería".

Verás, amigo mío, debo decir que también es una tontería decir que no puedes dejar de preocuparte, al menos por el momento. Eso no hace ninguna diferencia en cuanto al resultado: la pérdida de poder por la preocupación, el daño real a la salud, el debilitamiento de la mente por la preocupación, el envejecimiento del cuerpo y, lo que es peor, la pérdida o el corte del poder de atracción de la mente que, si se le permitiera operar libremente como lo hace el lirio, te daría todo lo que puedes disfrutar. Cualquier miedo, por cualquier causa, trae consigo la pérdida del poder.

Ahora, no digo que la gente debería dejar de preocuparse. En mi vocabulario no existe la palabra "debería". La gente no puede evitar preocuparse. El hábito nace con nosotros. Nuestros antepasados se han preocupado durante generaciones antes que nosotros. Pero eso no cambia los resultados destructivos de "pensar en el mañana". La ley involucrada sigue actuando. Es implacable en su funcionamiento. Es seguro que te aplastará si te interpones en su camino, exactamente igual que la locomotora si te pones delante de ella en la vía. La mejor manera es aprovechar la ley y ponerse en el lado correcto de la misma. ¿Cómo? Piensa en cosas optimistas en lugar de pesimistas. Piensa en el éxito en lugar del fracaso.

El hábito de pensar en cosas negativas y desagradables está tan arraigado, que si comentas: "Hace un buen día" la mitad de los rezongones y gruñones dirán: "Sí, pero eso es señal de mal tiempo".

Tan cierto como que el universo se rige por una ley fija e inmutable, será que esa ley diga: Si piensas cosas brillantes, atraes hacia ti cosas brillantes. Si piensas cosas oscuras, cortas los cables invisibles con las cosas brillantes y haces una conexión instantánea con el circuito que atrae cosas oscuras.

~ Prentice Mulford

15

Desarrolla la Fe y el Coraje

Apartarse del mundo, el miedo a conocer a quienes podrían estar interesados en hacer negocios contigo, ser tímido, ruborizarse y confundirse al hablar, todo esto pertenece al elemento del miedo. Vemos su manifestación en todas partes.

Por ejemplo: aquí hay alguien que desayuna a una velocidad vertiginosa, por miedo a llegar tarde a la oficina. Otro que tiembla ante los pasos de su jefe, y si le habla, apenas puede dar una respuesta inteligente. Un tercero se queda solo en casa por las noches y mentalmente, o realmente, grita ante cualquier ruido, imagina que hay ladrones en su casa, incluso cuando el sentido común le diría que ningún ladrón que se respete a sí mismo se dedicaría a robar en una casa tan modesta.

Cuántas personas agotan sus fuerzas y, por lo tanto, disminuyen su capacidad, al permanecer despiertas toda la noche preocupándose por los problemas relacionados con su negocio, con su hogar, con las crecientes necesidades de su familia, y preguntándose de dónde vendrá su provisión.

¿Acaso este asunto del miedo y la preocupación ha hecho algo por ti? ¿Alguna vez ha contribuido a tus ingresos, a tu salud, a tu comodidad o a tu felicidad? ¿Alguna vez ha resuelto tus problemas o te ha ayudado de alguna manera? ¿No ha sido siempre lo contrario?

La mayoría de nosotros sabemos, por amarga experiencia, cómo el perverso hábito del miedo y la preocupación utiliza nuestras facultades mentales, agota nuestras fuerzas, nos roba la esperanza, el coraje y el entusiasmo, de hecho, reduce completamente nuestras posibilidades de éxito.

El gran secreto del éxito y también de la felicidad es: tener fe, afrontar la vida con valor y confianza, y no anticipar problemas.

Ahora bien, si tienes el hábito del miedo y la preocupación, puedes liberarte de él cambiando tu pensamiento. Utilizando tu poder divino puedes cambiar tu pensamiento a voluntad; ese es el primer paso en la cura de cualquier condición negativa. La preocupación, la ansiedad, la falta de fe, la baja autoestima, la timidez, todo ello son expresiones del miedo y no pueden existir en tu mente en presencia del pensamiento de valor, de la sugerencia mental de valentía, de confianza en uno mismo.

Entonces, en lugar de imaginar los problemas y las desgracias que se avecinan, de pensar en las dificultades que enfrentas y temer que nunca podrás superarlas, inunda tu mente con pensamientos triunfantes, con la idea del poder que se almacena en el gran interior, el cual es siempre más grande que el miedo más gigantesco que intente asustarte con irrealidades, las cuales no tienen existencia fuera de tu inquieta imaginación.

Si no hay ansiedad, ni desaliento, ni dudas respecto al futuro, es imposible que el miedo entre en tu mente; si estás lleno de pensamientos de esperanza, de coraje, de poder y fuerza, a través de tu conexión con el Poder Infinito, es imposible que se acerque a ti.

Recuerda que, como hijo de Dios, no tienes nada que temer, por tu conexión con la Omnipotencia, la fuente de todo valor, de toda provisión, de todo bien, ningún mal tiene poder sobre ti.

~ Orison Swett Marden

16.

No Anticipes Problemas

La gente suele comentar: «Es fácil para ustedes, los del 'Nuevo Pensamiento', decir: "No se preocupen", pero ¿qué hace una persona cuando piensa en todas las cosas que pueden surgir en el futuro y que podrían interferir con sus planes?»

Bueno, todo lo que puedo decir es que esa persona es tonta si se preocupa por los problemas que pueden surgir en algún momento en el futuro. La mayoría de las cosas por las que nos preocupamos no llegan a suceder; muchas de las otras llegan mucho más suavemente de lo que esperábamos, y siempre hay otras que llegan al mismo tiempo con ayuda para superar el problema. El futuro nos depara no solo dificultades, sino también agentes que nos ayudan a superar esas dificultades. Las cosas se ajustan solas.

Estamos capacitados para hacer frente a cualquier problema que se nos presente, así que cuando llega el momento, de alguna manera nos vemos capaces de afrontarlo. Dios no solo suaviza el viento a la oveja esquilada, sino que también templa la oveja esquilada al viento. El viento y el esquilado no van de la mano; normalmente hay tiempo suficiente para que a la oveja le crezca lana nueva antes de que llegue el viento frío.

Bien se ha dicho que las nueve décimas partes de las preocupaciones nunca se hacen realidad y que la otra décima parte son cosas muy pequeñas o sin importancia. Entonces, ¿de qué sirve gastar toda la reserva de nuestras fuerzas con preocupaciones por problemas futuros? Es mejor esperar a que los problemas lleguen realmente antes de preocuparse. Descubrirás que con la energía almacenada podrás hacer frente a cualquier tipo de problema que se te presente.

De todos modos, ¿qué es lo que consume toda la energía en el hombre o la mujer promedio? ¿Es realmente la superación de las dificultades o la preocupación por los problemas inminentes? Siempre es "mañana, mañana", sin embargo, el mañana nunca llega tan temido como se espera. El mañana está bien. ¡Bendita sea mi alma, cuando me siento y pienso en las cosas que una vez temí que cayeran sobre mí! Me río; ¿dónde están ahora esas cosas temidas? No sé, casi he olvidado que alguna vez les tuve miedo.

Tú no necesitas luchar contra la preocupación, esa no es la manera de superar un hábito. Simplemente, practica la concentración, aprende a concentrarte en algo que tienes delante y verás cómo desaparece el pensamiento de la preocupación. La mente puede pensar en una cosa a la vez, y si te concentras en una cosa positiva, la otra se desvanecerá. Hay mejores maneras de superar los pensamientos desagradables que luchar contra ellos. Aprende a concentrarte en pensamientos de carácter opuesto y habrás resuelto el problema.

Cuando la mente está llena de pensamientos de preocupación, no tiene tiempo para elaborar planes beneficiosos. Pero cuando se ha concentrado en pensamientos claros y útiles, verás que empezará a trabajar inconscientemente; y cuando llegue el momento encontrarás todo tipo de planes y métodos con los que podrás satisfacer tus demandas.

Mantén la actitud mental correcta y todas las cosas vendrán a ti. Es inútil preocuparse; nunca has ganado nada con ello y nunca ganarás nada con ello. Los pensamientos brillantes, alegres y felices atraen hacia nosotros cosas brillantes, alegres y felices; la preocupación las aleja. Por lo tanto, aprende a cultivar la actitud mental correcta.

~ William Atkinson

17.

Elige Bien tus Pensamientos

Necesitamos un principio que nos permita juzgar los pensamientos que dejamos entrar en nuestra mente. La mejor regla que conozco aparece en una de las epístolas de Pablo: "El fruto del espíritu es amor, alegría, paz, paciencia, amabilidad, bondad, fe, mansedumbre (la mansedumbre de un niño), templanza (en todo); contra esto no hay ley".

Entonces, los pensamientos que traen amor, alegría, paz, paciencia, amabilidad, bondad, fe, mansedumbre y templanza deben ser invitados a nuestra mente y recibir todo el estímulo para que habiten en nosotros, que aumenten, se multipliquen, nos glorifiquen, nos embellezcan y nos hagan más saludables.

Cuando tengas dudas sobre un pensamiento, mídelo con estas nueve palabras y devuélvelo si no está a la altura.

¿Es un pensamiento amable? ¿Es un pensamiento que irradia alegría o paz? A veces no puedes ver la alegría en un nuevo pensamiento que surge, pero siempre puedes saber si su entrada traerá paz. ¿Es un pensamiento que aporta paciencia, mansedumbre, bondad? ¿Es un pensamiento que aporta un sentimiento de templanza? Sobre todo, ¿es un pensamiento provisto de fe —fe en Dios dentro de ti y en Dios dentro del otro?

Si el pensamiento puede responder honestamente que sí a estas preguntas, abre la puerta de par en par y déjalo entrar. En caso contrario, devuélvelo al pozo sin fondo del que salió. Pero no te preocupes si se niega a desaparecer de tu vista, o si vuelve una y otra vez. Sigue rechazándolo hasta que se desanime y deje de venir.

La mejor manera de evitar que aparezca ante tu puerta es darle la espalda y ocuparte de los pensamientos que pueden pasar el examen sin problemas.

La puerta dentro de ti es la puerta de la Elección, o de la Voluntad. Puedes elegir abrir tu puerta a un pensamiento, o puedes elegir cerrarla. Como el pensamiento está vivo en sí mismo, puede quedarse rondando si decides cerrarle la puerta en las narices, pero no puede entrar en ti ni hacerte daño a menos que tú lo permitas.

Tu elección es la única parte poderosa de tu ser sobre la que tienes un control absoluto. "Elige hoy a quién servirás". Elige en este momento qué pensamiento vas a admitir.

~ Elizabeth Towne

18.

Las Etapas de la Vida

La juventud es la etapa en la que se adquiere conocimiento, la mediana edad es la etapa en la que se adquiere sabiduría y la vejez es la etapa para disfrutar de ambas.

Ahora bien, por sabiduría, me refiero a la que nos permite controlar nuestro temperamento, frenar nuestra tendencia a la crítica dura y cultivar nuestra amabilidad.

La mayoría de las personas consideran que después de los treinta y cinco años tienen derecho a estar enojadas, irritables, a criticar y a ser duras, porque han vivido más tiempo que los jóvenes, porque han tenido más pruebas y decepciones, y porque creen que entienden mejor el mundo. Precisamente estas son excelentes razones para ser pacientes, amables y comprensivos.

Cuanto más vivimos, más debemos entender la insensatez y la vulgaridad del mal humor, la crueldad de las críticas duras y la necesidad de una visión amplia de la vida.

Si no nos adaptamos a los hábitos cambiantes del mundo, si no adoptamos algunas de las nuevas ideas que surgen constantemente, con el paso de los años nos convertiremos en viejos gruñones, malhumorados y solitarios.

El mundo no se detendrá por nosotros. La sociedad no llevará la misma forma de vestir, ni seguirá los mismos hábitos, ni tampoco prevalecerán los mismos pensamientos cuando tengamos ochenta años que cuando teníamos treinta. Debemos seguir moviéndonos con el mundo o permanecer inmóviles y solos.

A partir de los treinta debemos aprovechar cada hora y educarnos para llegar a una vejez agradable. A los treinta debemos empezar a ser tolerantes, pacientes, serenos, confiados, comprensivos y generosos.

Entonces, a los cincuenta, podemos esperar habernos "graduado con honores" en la escuela de sabiduría de la vida y estar preparados para los años restantes de utilidad y alegría en la práctica de estas cualidades.

Comienza hoy mismo, en casa. Sé más tolerante con las faltas de los demás en tu casa. Abstente de criticar el comportamiento de tus vecinos. Cuando alguien cometa un error, intenta reconocer las causas que lo provocaron. Busca las cualidades admirables en todas las personas que conozcas.

Simpatiza con el mundo. Interésate por el progreso, interésate por los jóvenes. Mantente en contacto con cada nueva generación y no te permitas envejecer en pensamiento o sentimiento.

Prepárate para una hermosa vejez. No hay tiempo que perder.

~ Ella Wheeler Wilcox

19

Avanzando Hacia lo Nuevo

Un secreto de la vida y la felicidad eternas es avanzar siempre hacia lo nuevo, es decir, "olvidando lo que queda atrás, y extendiéndose a lo que está delante".

La eternidad y el espacio infinito no se agotan de lo nuevo. El envejecimiento se produce por mirar siempre hacia atrás y vivir en el pasado. No tienes nada que hacer con la persona que eras hace un año, excepto aprovechar la experiencia de esa persona. Esa persona está muerta. El "tú" de hoy es otra persona, un individuo más nuevo. El "tú" del año que viene será otro, e incluso más nuevo.

"Muero cada día", dijo Pablo. Con esto indicaba que algún pensamiento de ayer estaba muerto hoy y había sido desechado como una prenda vieja. En su lugar había uno más nuevo.

Cuando nuestros espíritus crecen saludablemente, hemos terminado para siempre con una parte de nosotros mismos al final de cada día. Esa parte está muerta. Para nosotros es un pensamiento muerto. Ya no nos sirve de nada. Utilizarlo nos perjudica. Lo desechamos de la misma manera que nuestro cuerpo desecha cada día una cierta porción de piel muerta.

El que tiene un aumento de pensamiento nuevo vive un mundo nuevo cada día. En lo que respecta a la felicidad, no importa mucho dónde estemos, siempre y cuando podamos aportarnos esta afluencia diaria de pensamiento nuevo. De este modo, podemos alcanzar la felicidad en una mazmorra, mientras que las personas cerradas a las nuevas ideas son miserables en los palacios.

Así, la afluencia permanente de nuevas ideas abre una vía de escape de las mazmorras de la pobreza material y espiritual. La afluencia diaria de nuevos pensamientos trae consigo un nuevo poder.

En los reinos superiores de la mente se encuentran aquellos que están siempre alegres, contentos y confiados en el éxito y la felicidad que les espera en el futuro. Han vivido de acuerdo con la Ley y la han demostrado. Saben que, manteniendo la mente en un estado determinado, controlando adecuadamente sus pensamientos, se produce una afluencia constante de felicidad y poder. Porque el poder y la felicidad deben ir juntos. También deben hacerlo el pecado, el dolor y la debilidad. Saben, además, que cada uno de sus planes debe ser un éxito. Por lo tanto, la vida con ellos debe ser una constante sucesión de victorias. Por eso, su fe o creencia es tan cierta como la nuestra de que el fuego arderá o que el agua apagará el fuego.

Si lo deseamos sincera y persistentemente, podemos conectarnos con este orden mental y atraer de él una nueva vida y un elemento que nos dé fuerza. Despejamos el camino hacia esa valiosa conexión esforzándonos por alejar de nosotros toda envidia, pesimismo, contienda o cualquier otro pensamiento impuro. Cualquier pensamiento que nos perjudique es un pensamiento impuro.

El hábito de toda la vida puede hacer que al principio esto sea una tarea difícil. El esfuerzo y la aspiración constantes alejarán ese pensamiento perjudicial cada vez más fácilmente.

~ Prentice Mulford

20.

Mira Hacia Arriba

Hace poco escuché una pequeña historia sobre un joven que se hizo a la mar, en los viejos tiempos de los barcos de vela.

Un día se le ordenó subir a lo alto, y se le instó a hacerlo hasta llegar al punto más alto posible del mástil. Cuando vio que no podía ir más lejos, miró hacia abajo. La visión le aterrorizó y casi le hizo perder el control y caer de cabeza sobre la cubierta, muy abajo. Se sintió mareado y enfermo, y le resultaba casi imposible mantenerse agarrado al mástil.

Muy abajo estaba la cubierta, que parecía tan pequeña comparada con la amplia extensión de agua que había por todos lados. El movimiento le hacía sentir como si estuviera suspendido entre el cielo y la tierra, sin nada sustancial que lo sostuviera. Sintió que su cerebro se tambaleaba y que sus sentidos lo abandonaban. Todo parecía perdido, cuando a lo lejos, desde la cubierta de abajo, escuchó a un viejo marinero gritar: "¡Mira hacia arriba, muchacho! Mira hacia arriba".

Apartando los ojos de la escena de abajo, el muchacho miró hacia arriba. Vio el cielo azul y las esponjosas nubes que pasaban tranquilamente, con el mismo aspecto que tenían cuando las contemplaba recostado en los verdes prados de su casa de campo. Una extraña sensación de paz y tranquilidad se apoderó de él, y la sensación de miedo, terror y desesperación desapareció por completo. Recuperó sus fuerzas y su presencia mental, y pronto fue capaz de deslizarse por el mástil para agarrar una cuerda amiga, de ahí a la jarcia inferior, y así continuó hasta llegar de nuevo a la cubierta.

Nunca olvidó el consejo del viejo marinero, dado en la hora de la necesidad, y cuando se sentía desorientado y temeroso del peligro, invariablemente miraba hacia arriba hasta recuperar su equilibrio mental.

Bien podemos grabar en nuestra mente la sabiduría del viejo marinero. No hay nada mejor para las horas de prueba, duda, pena y dolor, que "mirar hacia arriba". Cuando sentimos que no podemos ver claramente con nuestra visión espiritual, que perdemos la fe, la esperanza y el coraje, cuando sentimos que la desesperación y la desesperanza se apoderan de nosotros y adormecen nuestros sentidos, adormecen nuestro corazón, entonces es el momento de escuchar el grito de advertencia: "¡Mira hacia arriba, muchacho, mira hacia arriba!"

Cuando todo parece perdido, cuando las tinieblas se cierran a nuestro alrededor, cuando parece que hemos perdido nuestro punto de apoyo y no tenemos forma de recuperarlo, cuando todo parece sin esperanza, sombrío y aterrador, cuando la fe parece habernos abandonado y el frío de la incredulidad se cierne sobre nosotros, entonces es el momento de gritarnos a nosotros mismos: "¡Mira hacia arriba, mira hacia arriba!".

Cuando la vida parece una burla, o un tormento ideado por un demonio, cuando perdemos el sentimiento de cercanía al Poder Infinito que nos ha sostenido en el pasado, cuando perdemos el toque de la Mano Invisible, estos son los momentos en que debemos mirar hacia arriba, hacia la fuente de la Sabiduría y la Luz. Estos son los momentos en que debemos escuchar el grito del Alma: "¡Mira hacia arriba; mira hacia arriba!".

Cuando haya una noche clara, sin luna, sale y mira las estrellas. Verás innumerables puntos brillantes, cada uno de los cuales es un sol igual en tamaño, o mayor, al que da luz y vida a nuestra pequeña tierra; cada sol tiene sus mundos girando, muchos de los cuales, a su vez, tienen lunas girando a su alrededor.

Observa todo el cielo, hasta donde alcanza la vista, y trata de captar la idea de los innumerables soles y mundos. A continuación, trata de imaginar que en el espacio, mucho más allá del alcance de la visión humana, incluso con la ayuda del telescopio, hay millones y millones de otros mundos y soles, en todas partes, en todo el Universo, llegando hasta el Infinito. Todos estos mundos tienen su lugar y giran según la Ley.

Ahora, recuerda que el Infinito nos tiene a todos bajo su cuidado y toma nota incluso de la caída del gorrión, entonces, ¿qué ha sido de tus miedos, dudas y preocupaciones? Han desaparecido la desesperación y la incredulidad, y en su lugar hay un sentimiento reverente de calma y fe.

Sí, hay mucho sentido común en la antigua máxima de los marineros. Cuando tengas miedo, mira hacia arriba.

~ William Atkinson

~Perlas para Limpieza Mental~

21

Suelta las Cargas Inútiles

No te aferres a las cosas que te retienen y te hacen infeliz. Suelta las preocupaciones; suelta los resentimientos; suelta las críticas; suelta el miedo; suelta las mentiras, la deshonestidad, la falsedad. Deja de esforzarte por mantener las apariencias; deja de lado lo superficial; deja de lado el vicio que paraliza, el falso pensamiento que desmoraliza, y te sorprenderá ver cuánto más ligero y libre eres para avanzar, y cuánto más seguro estás de llegar a la meta.

Si has tenido una experiencia desafortunada, olvídala. Si has fracasado en tu discurso, en tu canción, en tu libro, en tu artículo; si te han colocado en una posición embarazosa; si has caído y te has lastimado por un paso en falso; si te han calumniado y difamado, no te detengas en ello. No hay un solo rasgo positivo en estos recuerdos, al contrario, la presencia de sus fantasmas te robará muchas horas de felicidad. No hay nada en ello. Suéltalos. Olvídalos. Bórralos de tu mente para siempre.

Si has sido indiscreto, imprudente, si han hablado de ti, si tu reputación ha quedado tan dañada que temes no poder redimirla, no arrastres contigo esas horribles sombras. Bórralo de la memoria. Olvídate de ello. Empieza con una pizarra limpia y utiliza todas tus energías para mantenerla limpia en el futuro.

Resuelve que sin importar lo que hagas o dejes de hacer, no albergarás sombras. Deben salir y dar paso a la luz del sol. Determina que no tendrás nada que ver con las discordias, que cada una de ellas debe salir de tu mente. Por muy persistentes que sean, elimínalas. Olvídate de ellas. No permitas que los pequeños enemigos —la preocupación, la ansiedad y el remordimiento— drenen tu energía, pues es tu capital para los futuros logros.

~ Orison Swett Marden

22.

El Miedo y La Preocupación

El miedo y la preocupación van de la mano, uno produce el otro.

La preocupación nunca ha conseguido superar una dificultad, ni resolver un problema; lo único que consigue es destruir la salud, arruinar la felicidad y la tranquilidad, además, hace que las dificultades sean más difíciles de superar y los problemas más difíciles de resolver.

El miedo está en todas partes: miedo a la carencia, miedo a la opinión de los demás, miedo a que lo que poseemos hoy no sea nuestro mañana, miedo a la enfermedad, miedo a la muerte. En millones de personas, el miedo se ha convertido en un hábito fijo. El pensamiento está en todas partes y se nos lanza desde todas las direcciones.

Si vives con miedo, no solo cierras la puerta a todo progreso, sino que también atraes hacia ti aquello que temes. Si temes a la enfermedad, el miedo a la enfermedad destruirá tu sistema nervioso y lo dejará expuesto a todo tipo de enfermedades. Si temes el fracaso en tu negocio, entonces todas tus acciones tendrán el color del fracaso y tu negocio llegará a un rápido final.

El miedo, la preocupación, la ansiedad, esta terrible familia negativa está arruinando la vida de millones de personas. ¡Qué destructivos son, cuántas vidas han estropeado y arruinado! Y todos ellos son hijos de la falta de fe y coraje.

Ten fe en la omnipotencia del Poder dentro de ti y todo el miedo cesará; la preocupación, la inquietud y la ansiedad, huirán. Aférrate a la verdad de que tus circunstancias y todo lo que llega a tu vida es el resultado de tu pensamiento; que tu futuro será moldeado exactamente de acuerdo a cómo piensas hoy.

Reconoce que todo está en tus manos, porque si construyes bien hoy, el futuro debe ser bueno, sin duda lo será.

~ Henry Hamblin

23.

Enemigos de la Felicidad

El remordimiento y el arrepentimiento son enemigos del éxito y la felicidad. El remordimiento nos hace perder el tiempo, llevándonos de regreso a los campos de los placeres perdidos, de la juventud que se fue y de las oportunidades no aprovechadas. Nos lleva a los cementerios y nos pide que nos sentemos junto a las viejas tumbas y lloremos por aquellos que no pueden volver aquí con nosotros.

Una hora así puede ser un medio de crecimiento espiritual, si es una situación puntual. Pero cuando el remordimiento es nuestro compañero diario —cuando se levanta con nosotros por la mañana, camina a nuestro lado todo el día, se acuesta con nosotros y dirige nuestros sueños por la noche— entonces es nuestro peor enemigo. Nos hace perder la fuerza que deberíamos dedicar al crecimiento espiritual y mental: el crecimiento que nos permitirá convertirnos en grandes personas.

Quien se pasa el tiempo lamentando la juventud perdida no está avanzando hacia una hermosa madurez o una atractiva vejez.

Quien se lamenta continuamente por los seres queridos que se han ido, no está siguiendo su camino en el crecimiento espiritual y está ampliando la distancia entre los posibles reencuentros. El espíritu desencarnado avanza en los planos del más allá; si no avanzamos aquí, ¿cómo podemos esperar un reencuentro? Por muy inevitables y duraderas que sean la soledad y la pena que sentimos por los que se han ido, no debemos hacer del lamento nuestra compañía diaria. Debemos trabajar y crecer, pero el lamento y el remordimiento no nos permitirá hacer ninguna de las dos cosas.

Ahora, el arrepentimiento es un enemigo aún mayor para nuestro óptimo desarrollo. Nos mantiene junto a los cadáveres de nuestros viejos errores, faltas y pecados. Nos mantiene pensando en lo que hemos hecho o dejado de hacer, en lugar de pensar en lo que podemos hacer.

El arrepentimiento es un "cuervo carroñero" disfrazado, que finge estar interesado en nuestro avance espiritual. No hay avance en la contemplación de los errores pasados. Ponlos bajo tus pies; piensa en ellos solo como peldaños para las futuras alturas que debes escalar.

El pasado es pasado; solo el presente y el futuro te conciernen. Aleja de tu puerta el arrepentimiento y el remordimiento y niégate a relacionarte con ellos. Deja que la esperanza y la determinación sean tus compañeras para el futuro.

~ Ella Wheeler Wilcox

24.

Malezas Mentales

¿Alguna vez has sentido celos? Si es así, recordarás lo insidioso que fue su primer acercamiento; cómo sutilmente susurró odiosas insinuaciones en tu oído y cómo gradualmente siguieron tales insinuaciones, hasta que, finalmente, comenzaste a ver verde. Entonces recordarás cómo el asunto pareció crecer, apoderándose de ti hasta que ya no pudiste sacártelo de encima. La siguiente vez te resultó mucho más fácil sentir celos. Parecía traer ante ti toda clase de elementos que aparentemente justificaban tus sospechas y sentimientos.

Lo mismo sucede con cualquier sentimiento o emoción. Si te dejas llevar por un ataque de ira, te resultará más fácil enojarte la próxima vez, con menos provocación. El hábito de sentirse disgustado y de actuar "mal" no toma mucho tiempo para asentarse firmemente en su nuevo hogar, si se fomenta.

La preocupación es un hábito que crece fácilmente. La gente empieza preocupándose por cosas grandes, luego empieza a preocuparse y a inquietarse por alguna cosa más pequeña, hasta que, eventualmente, la más pequeña nimiedad les preocupa y les angustia. Imaginan que todo tipo de cosas malas están a punto de sucederles. Si salen de viaje, están seguros de que va a ocurrir un percance. Si llega un telegrama, es seguro que contiene noticias terribles. Si un niño parece un poco callado, la preocupada madre está segura de que va a enfermar. Si el marido parece pensativo, mientras da vueltas a algún plan de negocios en su mente, la esposa está convencida de que está empezando a dejar de quererla y se entrega a un episodio de llanto. Y así, una y otra vez: preocupación, preocupación, preocupación. Cada indulgencia hace que el hábito sea más habitual.

La condición mental conocida como "búsqueda de defectos" es otra emoción que crece con el ejercicio. Primero se encuentra el defecto en esta cosa, después en aquella y, finalmente, en todo. El individuo se convierte en un "rezongón" crónico. No obstante, todo ese rezongo es una cuestión de hábito. Crece a partir de un pequeño comienzo y cada vez que se le consiente, echa otra raíz, rama o zarcillo, y se adhiere más firmemente a quien le ha dado el terreno para crecer.

La envidia, el egoísmo, los chismes, el escándalo, son todos hábitos de este tipo. Las semillas están en cada pecho humano y solo necesitan una buena tierra y un poco de riego para crecer con fuerza.

Cada vez que dejas pasar una de estas emociones negativas, será más fácil que repitas lo mismo o algo parecido. A veces, al fomentar una emoción negativa, descubres que has dado lugar al crecimiento de toda una familia de estas malezas mentales.

Ahora bien, si quieres eliminar estos hábitos, cada vez que te encuentres con un pensamiento o sentimiento negativo, tómalo y di con firmeza y energía: "¡Fuera!".

Cada vez que reprimas y rechaces esa tendencia, se debilitará y, al mismo tiempo, tu voluntad se hará más fuerte.

~ William Atkinson

25.

Venciendo la Envidia

Una emoción muy perjudicial que tuve que superar fue la envidia. Cuando era joven, me enseñaron que la envidia era un pecado y que no debíamos permitirla; pero no sabía que era una causa de pobreza y carencia. Tuve que aprenderlo por experiencia.

Cuando iba al banco a depositar todo lo que podía reunir, el resultado más bien escaso de una tremenda cantidad de trabajo y esfuerzo, sentía mucha envidia al ver que otras personas depositaban mucho más que yo, y que ganaban mucho más de lo que yo podía soñar. No solo sentía envidia, sino también cierto resentimiento. Aquí estaba yo, trabajando casi hasta que se me cerraban los ojos, ganando tan poco y sacando una miseria, mientras que otras personas, que parecían pasarlo mucho mejor, podían sacar del banco en un día más dinero de lo que yo podía de reunir en todo un mes. Entonces pensaba lo bueno que sería si pudiera hacer lo mismo o algo similar.

Tener pensamientos de envidia es una de las peores cosas que podemos hacer, porque nos coloca en una posición negativa. Al hacerlo, reconocemos que nuestra posición en la vida es inferior y nos colocamos en una posición similar a la de alguien que pide limosna. Mientras mantengamos esta actitud mental, las cosas que necesitamos y deseamos tenderán a alejarse de nosotros en lugar de venir hacia nosotros.

El remedio para este estado es bendecir a aquellos cuyo estado, aparentemente más afortunado, podría incitarnos a la envidia.

La causa de nuestras circunstancias restringidas es nuestro propio estado mental. En lugar de saber que todas las cosas son nuestras y que todos los recursos del Infinito están detrás de nosotros, buscando expresarse a través de nosotros, el pensamiento dominante en nuestra mente es que nada es nuestro y que, si no perseguimos las cosas, las perderemos. Pero si bendecimos a aquellos cuya prosperidad nos molesta o nos provoca envidia, y pedimos que sean aún más prósperos y bendecidos en todos los sentidos posibles, entonces sanamos nuestro propio estado mental.

Cuando pedimos de esta manera y derramamos nuestra bendición sobre aquellos que aparentemente están mucho mejor que nosotros, entramos en la conciencia de aquel que, poseyendo todas las cosas, derrama de su abundancia cuantiosos regalos sobre los demás. En otras palabras, al bendecir a los demás y pedir que sus vidas se llenen de la abundancia divina, hacemos posible que la bendición llegue a nuestras propias vidas. No rogamos ni rezamos por ella, sino que la expresamos: fluye a través de nosotros. Entonces, al bendecir a los demás, nosotros mismos somos bendecidos y superamos todo sentimiento de inferioridad y carencia.

~ Henry Hamblin

26.

Puedes Superar la Timidez

Si frecuentemente te sientes avergonzando; si te falta coraje e iniciativa; si eres demasiado tímido para hablar o expresar tus opiniones cuando lo deseas; si te ruborizas, tartamudeas y eres torpe cuando deberías parecer tranquilo y seguro de ti mismo, puedes superar esos defectos y desarrollar las cualidades que te faltan entrenando a tu Yo subjetivo para que actúe con valentía, sin timidez, sintiéndose a gusto en cualquier entorno.

Sugiere constantemente valor y coraje a este yo interno.

Niega firmemente que seas tímido, vergonzoso, que tengas miedo de hablar o de ser natural en público o delante de alguien.

Afirma que eres valiente, que no tienes miedo de hacer nada que sea correcto y adecuado. Procura caminar entre tus semejantes como si fueras valiente, seguro de ti mismo, capaz de mantener una conversación de forma notable, o de entrar en una habitación con la misma

81

naturalidad que si estuvieras realizando tus tareas habituales.

Mantén el pensamiento triunfante hacia tu futuro, hacia tu ideal, tu sueño. Lleva la atmósfera del vencedor. Aprende a irradiar poder. Deja que todo en ti muestre confianza, fuerza, dominio de sí mismo.

No debes caminar como si la vida te decepcionara, como si no tuvieras ninguna aspiración en la vida. Si quieres hacer algo sobresaliente; si quieres tener peso en el mundo; si quieres que tus vecinos se sientan orgullosos de vivir cerca de ti, debes prepararte en todos los sentidos. No vayas por ahí con aspecto de fracasado. Tampoco vayas desarreglado o descuidado.

Vístete, arréglate, mejórate, esfuérzate. Deja que la gente vea que tienes una buena opinión de ti mismo, y que hay una buena razón para ello. Que la gente vea que eres consciente de que estás en una excelente misión, jugando un excelente papel en el gran juego de la vida.

Cultiva esa actitud y pronto verás que tus sueños comienzan a hacerse realidad.

~ Orison Swett Marden

27.

Está Permitido Evitar a los Pesimistas

Nunca sientas que es tu deber permanecer cerca y continuamente en el entorno de los pesimistas y los desanimados. Es como si pensaras que es tu deber permanecer en aguas profundas con alguien que no hace el menor esfuerzo por nadar. Acércate a la orilla y lánzale un salvavidas, pero no te quedes esperando a que te hunda.

Si encuentras a alguien empeñado en hablar de fracasos, enfermedades, desgracias y desastres, aléjate. Tú no permitirías que nadie, ni siquiera la persona más querida de la tierra, te administrara lentamente veneno. Entonces, ¿por qué crees que es tu deber tomar pociones mentales que paralizan tu valor y matan tu ambición?

Está justificado que evites a las personas que, cuando te despides de ellas, te dejan con menos esperanza y fuerza para afrontar los problemas que cuando las encontraste.

Haz lo que puedas para cambiar su forma de pensar. Pero no te acerques a ellos hasta que al menos hayan aprendido a guardar silencio si no pueden hablar con esperanza y positivamente.

Aprende a caminar, a equilibrar tu cuerpo, a respirar, a concentrar tu mente en cosas de importancia universal. Confía en tus pensamientos y tus buenos deseos para el bien de toda la humanidad, estos tienen el poder de ayudar a las almas luchadoras a elevarse a condiciones mejores y más elevadas.

No importa lo limitada que te parezca tu esfera de acción y lo pequeña que parezca tu ciudad en el mapa, si desarrollas tus fuerzas mentales y espirituales, a través de pensamientos de amor, puedes ser un poder que mueve el mundo.

~ Ella Wheeler Wilcox

28.

El Mal Negocio de Vender las Penas

No vendas tus penas al por menor. ¿Crees que te sirve de algo ir por ahí con la cara larga, contando tu historia de sufrimiento a cualquiera que puedas inducir a escucharte? ¿Crees que te ayuda a superar tus problemas o que aligera tu carga? No, no creo que pienses tal cosa. Toda tu experiencia te demuestra que a la gente no le gusta escuchar largas historias con tus problemas; ya tienen bastante con los suyos. Incluso los que siempre están dispuestos a ayudar a los necesitados se resienten cuando se convierten en el blanco de un continuo bombardeo de problemas, desgracias, penas, etc.

Además, sabes muy bien que la constante repetición de tus penas solo hará que te parezcan más grandes y más reales.

Es así como el vendedor de penas se vuelve como el periodista: desarrolla un agudo olfato para encontrar material que repartir a los demás; lo necesita en su negocio. Cuando alguien adquiere el hábito de contar historias a sus amigos, se queda sin material disponible, de modo que busca ansiosamente más con lo que suplir la demanda. Se convierte en un experto en descubrir insultos, desprecios, comentarios de doble sentido, etc., por parte de sus amigos y parientes, aunque no se pretenda nada de eso; pero continúa dando vuelta a estas cosas en su mente, una y otra vez, como dulces bocados antes de servirlos con los adornos apropiados a sus oyentes.

Lo más lamentable de quien se queja es el efecto que el hábito tiene sobre la propia mente y el carácter. Cuando comprendemos que constantemente estamos construyendo nuestro carácter, añadiendo un poco cada día, y que nuestros pensamientos del día son el material que entra en la estructura de nuestro carácter, se verá que es de gran importancia la clase de pensamientos que tenemos. Los pensamientos no se desperdician. No solo van en todas las direcciones influenciando a otros —atrayendo personas y cosas hacia nosotros— sino que, además, tienen un efecto creativo sobre nuestra propia mente y carácter. El pensamiento en una determinada línea desarrollará notablemente ciertas células cerebrales y las células que manifiestan la línea de pensamiento opuesta se debilitarán y marchitarán.

Ahora bien, cuando tenemos nuestra mente fija en el pensamiento de que somos pobres mortales que sufren y que todos los demás están tratando de hacernos cosas malas, que no somos apreciados y que aquellos que deberían preocuparse más por nosotros solo están esperando su momento hasta que puedan hacernos daño, entonces, construimos nuestras mentes en esa línea y nos encontramos con el hábito de buscar lo peor en todo el mundo, y a menudo nos las arreglamos para traerlo a la superficie, incluso si tenemos que cavar duro para ello.

Parece que este tipo de personas se deleitan en hacer caer sobre sus cabezas las palabras duras y los "desprecios" de los demás. ¡Qué lamentable es todo esto! Estas personas van por el mundo complicándose a sí mismas, a sus amigos, a sus familiares y a todas las personas con las que entran en contacto.

Esta búsqueda de aflicciones es algo muy lamentable. La actitud mental produce un astigmatismo moral y las cosas se ven desde un ángulo equivocado.

¿Has notado que el que se guarda sus problemas para sí mismo no tiene tantas discusiones y peleas en casa como el que ha adquirido el hábito de venderlos al por menor?

No vendas tus problemas al por menor. Guárdalos para ti y morirán, pero difúndelos y crecerán como la mala hierba. Estarás empeorando las cosas para ti mismo, estarás atrayendo esas cosas hacia ti y arruinando tu mente, tu forma de ser y tu carácter, por este mal negocio de vender tus penas al por menor.

~ William Atkinson

29.

No Es Mi Culpa, ¿o sí?

Resulta fundamental deshacerse de un engaño en el que muchos se ven envueltos: el engaño de creer que su comportamiento está totalmente determinado por quienes les rodean y no totalmente por ellos mismos: «Podría progresar más si no me lo impidieran los demás» «Me es imposible progresar, ya que vivo con gente tan irritable».

A menudo se expresan quejas que surgen del error de imaginar que los demás son responsables de la propia locura. La persona violenta o irritable siempre culpa a los que le rodean de sus ataques de ira y, viviendo continuamente en esta ilusión, se vuelve cada vez más tolerante con sus arrebatos y alteraciones.

¿Cómo puede una persona superar, más aún, cómo puede siquiera intentar superar sus debilidades si se convence a sí misma de que estas surgen enteramente de las acciones de los demás? Todas las debilidades y caídas tienen lugar en su propio corazón y es la única responsable.

Ahora bien, es cierto que hay incitadores y provocadores, pero estos no tienen ningún poder sobre quien se niega a responder a ellos. Los incitadores y provocadores no son más que unos insensatos, y quien se deja llevar por ellos se convierte en colaborador de su insensatez, es imprudente y débil, entonces, la fuente del problema sigue estando en sí mismo.

Cuando alguien se da cuenta de que es absolutamente responsable de todas sus acciones, ha recorrido una distancia considerable en el camino que conduce a la sabiduría y a la paz, porque entonces comienza a utilizar la tentación como un medio de crecimiento y la mala conducta de los demás la considera como una prueba de su propia fuerza.

Sócrates agradeció a los dioses el don de tener una esposa rezongona, porque le permitió cultivar la virtud de la paciencia. Es una verdad sencilla y fácil de percibir: podemos cultivar más paciencia viviendo con los impacientes; cultivar más generosidad viviendo con los egoístas.

El que es impaciente con los impacientes, él mismo es impaciente. Si es egoísta con los egoístas, entonces, él mismo es egoísta. La demostración es la prueba y la medida de la virtud y, al igual que el oro y las piedras preciosas, cuanto más se prueban, más brillan.

Si alguien cree que tiene una virtud, pero la abandona cuando se le presenta su extremo opuesto, que no se engañe a sí mismo: todavía no está en posesión de esa virtud.

El que quiera superarse y avanzar, que deje de abrigar el débil y absurdo pensamiento que dice: "Estoy obstaculizado por los demás", y que descubra que solo está obstaculizado por sí mismo. Que se dé cuenta de que dejarse llevar por otro no es más que una revelación de su propia imperfección, y ¡he aquí!, la luz de la sabiduría descenderá sobre él, se abrirá la puerta de la paz y pronto se convertirá en el conquistador de sí mismo.

~ James Allen

30.

Ligero de Equipaje

Un rostro sombrío, una expresión malhumorada, una mente perturbada, un carácter inestable, son pruebas de tu incapacidad para controlarte. Son signos de tu debilidad, una confesión de tu incapacidad para hacer frente a tu entorno. Domínate a ti mismo y no dejes que tus enemigos se sienten en el trono.

Elimina de tu mente toda sugestión relacionada con la enfermedad. Si has tenido una operación, ya ha pasado, deja que se deslice en las sombras, en el fondo de la memoria. No te detengas en ello, no hables de ello.

Lo que sea desagradable, lo que irrite, lo que destruya tu equilibrio mental, debes echarlo fuera, no tiene nada que ver contigo ahora. Tienes mejor uso para tu tiempo que perderlo en lamentaciones, en preocupaciones y en trivialidades inútiles. Expulsa el desánimo de tu mente como expulsarías a un ladrón de tu casa. Cierra la puerta contra todos tus enemigos y mantenla cerrada.

No esperes a que la alegría venga a ti, más bien ve en busca de ella; no la dejes escapar.

El problema de muchos de nosotros es que no podemos dejar de lado los dolores y las ansiedades, y disfrutar de la vida. No podemos soltar. Nos aferramos, como un ama de casa ahorrativa que no puede botar un trapo o un trozo de algo, sino que amontona trastos inútiles en el armario. No podemos soltar a nuestros enemigos. Al parecer, no podemos deshacernos de las cosas que nos preocupan, nos inquietan y nos irritan, es decir, de las cosas que nos perjudican. No sabemos cómo deshacernos de ellas.

¿Quién puede calcular el poder curativo de una vida hogareña alegre, de un alma serena y equilibrada?

La mayoría de nosotros tenemos la espalda adolorida por llevar cargas inútiles y tontas. Llevamos equipaje y trastos que no sirven para nada, solo agotan nuestras fuerzas y nos mantienen fatigados y cansados en vano.

Aprendamos a quedarnos con las cosas que valen la pena y a deshacernos de la basura, de lo inútil, de lo insensato, de lo que nos estorba, y así, no solo progresaremos, sino que nos mantendremos felices y confiados.

~ Orison Swett Marden

~Perlas sobre el Nuevo Pensamiento y la Ley de Atracción~

31.

La Ley de Atracción

En todo momento la mente es un imán para algo. Lo maravilloso de todo esto es que podemos determinar en qué tipo de imán se convertirá, qué atraerá la mente.

Cuántas veces convertimos nuestra mente en un imán para atraer todo tipo de pensamientos enemigos, pensamientos de pobreza, de enfermedad, de miedo, de preocupación, y posteriormente, esperamos que se produzca un milagro y que de estas causas negativas podamos obtener resultados positivos. Ningún milagro puede efectuar tal cambio.

Los resultados corresponden a las causas. Antes de que podamos ser conquistados por la pobreza, primero debemos ser pobres mentalmente. El pensamiento de pobreza, la aceptación de un entorno empobrecido como una condición inevitable de la que no puedes escapar, te mantiene en la corriente de la pobreza y atrae más pobreza hacia ti. Es la operación de la misma ley que atrae cosas buenas y un entorno mejor a aquellos que piensan en la abundancia, quienes están convencidos de que van a estar bien y trabajan con confianza, con optimismo hacia ese fin.

La ley de atracción no nos trae las cosas que más deseamos, sino lo que es nuestro, lo que ha vivido en nuestros pensamientos y nuestra mente, nuestra actitud mental, eso es lo que nos trae.

Es posible que esta ley nos haya traído las cosas que rechazábamos y queríamos eliminar, pero nos hemos centrado en ellas y, como formaban el patrón mental, fueron incorporadas a nuestra vida. Muchas veces la ley de la atracción nos trae desagradables compañeros, pero han vivido tanto tiempo en nuestra mente, que tienen que formar parte de nuestra vida, por la propia ley de que lo semejante atrae a lo semejante.

Hasta hace poco, muchos de nosotros no entendíamos lo que Job quería decir cuando afirmaba: "Lo que más temía, me sobrevino". Ahora sabemos que estaba expresando una ley psicológica que es tan infalible como las leyes de las matemáticas. Sabemos que las cosas que más tememos y de las que queremos escapar, en realidad, las estamos persiguiendo por nuestro propio miedo a ellas. Al predecirlas y visualizarlas en nuestra mente, las estamos atrayendo hacia nosotros y, cuando hacemos esto, le damos la espalda a las cosas que más anhelamos.

Llegará el momento en que la ley de la atracción será conocida como el mayor poder de la creación. Sobre esta ley se construyen todos los éxitos, todos los caracteres, todas las vidas.

~ Orison Sweet Marden.

32.

Cómo Atraer el Éxito

Hay muchas personas que parecen pensar que la única manera que funciona la Ley de Atracción es cuando uno tiene un deseo fuerte y constante. No parecen darse cuenta de que una fuerte creencia es tan efectiva como un fuerte deseo.

La persona exitosa cree en sí misma y en su éxito final y, sin prestar atención a los pequeños contratiempos, tropiezos, caídas y resbalones, avanza firmemente hacia la meta, creyendo todo el tiempo que llegará a ella. Su enfoque y sus planes pueden cambiar a medida que avanza, pero siempre sabe en su corazón que finalmente "llegará". No está continuamente deseando llegar, simplemente siente y cree que lo hará, poniendo así en marcha la operación de las fuerzas más poderosas conocidas en el mundo del pensamiento.

La persona que constantemente cree que va a fracasar, invariablemente fracasará. ¿Cómo podría evitarlo? No hay ningún milagro especial en este sentido. Todo lo que hace, piensa y dice, está teñido del pensamiento del fracaso.

Tus pensamientos son cosas reales. Salen de ti en todas las direcciones, combinándose con pensamientos del mismo tipo, formando combinaciones, dirigiéndose hacia donde son atraídos, volando lejos de los centros de pensamiento opuestos.

Tu mente atrae los pensamientos de los demás; pero atrae solamente aquellos pensamientos que están en armonía con los tuyos. Los iguales se atraen y los opuestos se repelen en el mundo del pensamiento.

Si fijas en tu mente la nota de coraje, confianza, fuerza y éxito, atraerás hacia ti pensamientos de esa misma naturaleza; personas de la misma naturaleza; cosas que coinciden en sintonía mental. Tu pensamiento o estado de ánimo predominante determina lo que será atraído hacia ti, así que elige bien a tu compañero mental.

En este momento estás poniendo en movimiento corrientes de pensamiento que, a su vez, atraerán hacia ti pensamientos, personas y condiciones en armonía con la nota predominante de tu pensamiento actual.

Familiarízate con las operaciones de la ley. Entra en sus corrientes. Establece en tu mente la nota de coraje, confianza y éxito. Ponte en contacto con todos esos pensamientos que emanan cada hora de cientos de mentes. Adquiere lo mejor que se puede tener en el mundo del pensamiento. Lo mejor está ahí fuera, así que no te conformes con menos. Entra en asociación con mentes buenas. Entra en las vibraciones correctas. Debes estar cansado de ser sacudido por las operaciones de la Ley, ponte en armonía con ella.

~ William Atkinson

33.

Siembra y Cosecha

No es posible construir bien hoy y tener un mal futuro, ni tampoco es posible construir mal hoy y cosechar un buen futuro. La ley es absoluta: lo que siembres, eso cosecharás. Siembra bien hoy y en los días venideros tendrás una abundante cosecha de todas las cosas buenas.

Establece este pensamiento en tu ser, todo está en tus manos, utiliza correctamente las facultades que Dios te ha dado, fija tu mente en pensamientos buenos y positivos y nada puede salir mal en el futuro. Si tienes buenos pensamientos ahora, el futuro se encargará de sí mismo.

De ahora en adelante, no hay nada que temer, no hay nada caprichoso o incierto en tu vida, todo está de acuerdo con la Ley Eterna. Todo lo que tienes que hacer es pensar correctamente y actuar correctamente, y todas las cosas te serán añadidas.

Al controlar tus pensamientos, pones tu vida en armonía con las fuerzas invisibles superiores, entras en una vida de paz y poder. No hay nada que temer ni preocuparse porque estás en armonía con todo el Universo. El poder que mantiene a las estrellas en su lugar y guía a los planetas en su curso es el mismo poder que te sostiene a ti. Nada puede llegar a tu vida por casualidad, solo aquello que es el resultado de tu pensamiento.

Recuerda, nada puede ir mal en tu vida si tus pensamientos son correctos. El bien no puede producir el mal, ni el mal puede producir el bien. Controla tus pensamientos y todo el mal desaparecerá.

~ Henry Hamblin

34.

Destino vs. Libre Albedrío

Cada persona tiene una vida compuesta por causas y efectos. Es una siembra y una cosecha. Cada uno de sus actos es una causa que debe ser equilibrada por sus efectos.

A cada persona le corresponde elegir la causa (esto es, el libre albedrío) pero no puede elegir, alterar o evitar el efecto (esto es el destino). Por lo tanto, el libre albedrío significa el poder de iniciar las causas y el destino es la participación en los efectos.

Entonces, es cierto que la persona está predestinada a ciertos fines, pero ella misma es quien emite el mandato (aunque no lo sepa). No puede eludir el bien o el mal que se deriva de lo que ha originado con sus propias acciones.

Aquí se puede argumentar que la persona no es responsable de sus actos, que estos son efectos de su carácter, y que no es responsable del carácter —bueno o malo— que le fue dado al nacer.

En realidad, el carácter no viene hecho, sino que evoluciona. El carácter es el resultado de todo un conjunto de acciones que la persona ha ido acumulando, por así decirlo, a lo largo de su vida.

Como autora de sus acciones, la persona es la creadora de su propio carácter, y como autora de sus acciones y creadora de su carácter, es la forjadora de su destino.

En efecto, cada persona tiene el poder de modificar y alterar sus acciones. Cada vez que actúa, modifica su carácter, y al modificar su carácter, para bien o para mal, está predeterminando para sí nuevos destinos, destructivos o benéficos, según la naturaleza de sus acciones.

El carácter es el destino mismo, al ser una combinación fija de actos, lleva en sí mismo los resultados de esos actos. Estos resultados están escondidos como semillas en los profundos rincones del carácter, esperando su temporada para germinar, crecer y dar frutos.

~ James Allen

35.

La Ley de tu Ser

La razón por la que la vida es tan infeliz aquí, en esta región del ser, es porque no conocemos la ley, en consecuencia, vamos en contra de ella y así obtenemos sus dolores en lugar de sus placeres.

Esta ley no puede ser comprendida plenamente por nosotros a partir de nuestra historia pasada o de la experiencia pasada de otra persona, independientemente del nivel que haya alcanzado. Esas historias o vidas pueden resultarnos muy útiles como sugerencias. Pero, aunque hay principios generales que se aplican a todo el mundo, también hay leyes individuales que se aplican a cada persona por separado e individualmente.

Tú no puedes seguir directamente mi camino para ser más feliz y mejor, ni yo puedo seguir el tuyo; porque cada uno de nosotros está formado por una combinación diferente de elementos, que han entrado y formado nuestros espíritus (nuestro verdadero Yo) a través del crecimiento y la evolución de las edades. Debes estudiar y descubrir por ti mismo lo que tu naturaleza requiere para alcanzar la felicidad permanente.

Eres un libro para ti mismo. Debes abrir este libro, página tras página y capítulo tras capítulo, a medida que llegan a ti con la experiencia de cada día, cada mes, cada año, y leerlos. Nadie más puede leerlos por ti de la forma en que tú los lees por ti mismo. Nadie más puede pensar exactamente como tú piensas o sentir exactamente cómo tú sientes o ser afectado de la misma manera por otras fuerzas o personas a tu alrededor.

Por esta razón, ninguna otra persona puede determinar qué es lo que realmente necesitas para hacer tu vida más completa, más perfecta, más feliz, mejor que tú mismo. Debes descubrir por ti mismo qué amistad es mejor para ti; qué comida es mejor para ti y qué método, en cualquier negocio, cualquier arte, cualquier profesión, te aporta los mejores resultados.

Hay ciertas leyes generales, pero cada uno debe aplicar la ley general a su propio caso. Es una ley general que el viento impulsa un barco. Pero no todos los barcos utilizan el viento exactamente de la misma manera.

Ese poder está trabajando en cada hombre, mujer y niño, y a través de ellos. Para usar la expresión bíblica, es "Dios trabajando en nosotros y a través de nosotros". Todos somos partes del Poder Infinito, un poder que siempre nos está elevando a grados más altos, más finos y más felices.

~ Prentice Mulford

36.

El Poder de las Palabras

Cuando una puerta se cierra, otra se abre; a veces varias. Esta es la ley de la vida. Es la expresión de la ley del progreso eterno. Toda la naturaleza desea avanzar eternamente. Cada vez que una persona pierde la oportunidad de avanzar, esta gran ley procede a darle otra. Esto demuestra que el universo es bondadoso, que todo está a favor de las personas y nada en contra de ellas.

Ahora bien, cuando hablas de salud, felicidad, prosperidad, poder y progreso, estás trabajando en armonía con la ley y estás ayudando a promover el gran propósito del universo. Cuando hablas de problemas, fracasos, enfermedades o defectos, pones tu propia mente en contra de la ley de la vida y del propósito del universo. De este modo, te pones en contra de todo y, al mismo tiempo, todo se pone en contra tuya. Por lo tanto, necesariamente fracasarás en todo lo que emprendas. Pero si te das la vuelta y avanzas en la otra dirección, todo será muy diferente. Camina con el universo y todo su poder te acompañará y te ayudará a conseguir cualquier objetivo que tengas en mente.

Si te pones en armonía con las leyes de la vida, ascenderás con firmeza por la escala de la vida. Nada puede detenerte. Lograrás lo que te propongas porque todo el poder del universo estará contigo.

Las cosas cambiarán cuando tú des un giro, y podrás hacerlo cuando empieces a hablar de las cosas que quieres. Nunca hables de otra cosa. Tal y como hablas, así será. Tal y como hablas, así serán los demás.

El poder de las palabras es inmenso, tanto en la persona que habla como en la persona a la que se dirige. La forma más sencilla de utilizar este poder es entrenarse para hablar de las cosas que quieres; hablar de las cosas que esperas o deseas conseguir. De este modo, haces que el poder de las palabras trabaje contigo para lograr el objetivo que tienes en mente.

Venga lo que venga, habla de salud, felicidad y prosperidad. Di que estás bien; di que eres feliz; di que eres próspero. Enfatiza todo lo que es bueno en la vida y el Poder Supremo hará que tus palabras se hagan realidad.

~ Christian Larson

37.

Observa qué Almacenas En Tu Mente

¿Qué pensarías de una persona que estuviera almacenando provisiones para el invierno y que llenara su bodega con alimentos venenosos, cosas que producen enfermedades, artículos mortales?

Pensarías que está más que loca, ¿no? Sin embargo, eso es precisamente lo que muchos han estado haciendo. Han estado llenando el almacén de su mente con las cosas más perjudiciales: venenos, elementos mortíferos, artículos desagradables, todo aquello que, tarde o temprano, les hará daño. ¡Fuera con ellos! ¡Deséchalos! Reemplázalos con los pensamientos fuertes y sanos que vienen a tu mente cuando te familiarizas con el Nuevo Pensamiento.

Recuerda que los pensamientos toman forma en la acción. Considerando esto, ¿qué tipo de pensamientos quieres que tomen forma en la acción dentro de ti y a través de ti? Hazte esta pregunta y actúa en consecuencia.

Cuando te encuentres pensando en una determinada línea, hazte la siguiente pregunta: "¿Deseo que este pensamiento tome forma en la acción?". Si la respuesta es "Sí" admite el pensamiento. Si la respuesta es "No", deja de pensar en esa línea inmediatamente y empieza a trabajar para pensar en cosas exactamente opuestas a la línea de pensamiento objetable.

Recuerda que un pensamiento positivo siempre neutralizará un pensamiento negativo. Por pensamiento positivo me refiero a un pensamiento de coraje, esperanza, valor, determinación, un pensamiento "Yo Puedo y lo Haré". Por pensamiento negativo me refiero a un pensamiento de miedo, preocupación, odio, malicia, enfermedad, "no puedo", "tengo miedo".

Es cierto que "como una persona piensa en su corazón, así es", por la razón de que una persona es en gran medida el resultado de los pensamientos que almacena en su subconsciente, y ese almacén subconsciente depende en gran medida de lo que ha hecho el pensamiento consciente.

Estás depositando tu provisión de pensamientos y estos pensamientos tarde o temprano tomarán forma en la acción. Cuidado con tu elección. Utiliza un poco de sentido común y selecciona lo mejor que hay en el mercado.

~ William Atkinson

38.

Tu Pensamiento Debe Ser Grande

Lo que sembramos, eso cosechamos. Hay quienes piensan que esta ley solo se aplica a lo externo y se refiere solo a la siembra en el mundo físico. Sin embargo, la misma ley rige la mente y el pensamiento.

Los pensamientos de venganza, odio, celos y envidia afectan y moldean el carácter y la vida de quienes los albergan. Tarde o temprano se exteriorizarán y se manifestarán en todas las circunstancias y condiciones externas de la vida.

Los pensamientos de salud, los pensamientos de alegría y de bondad, traen salud y felicidad a quienes los albergan y los envían.

Si nos consideramos intrínsecamente malos, recogeremos los frutos de ese pensamiento. Si nos consideramos débiles e indignos, si parece que "pedimos permiso para existir", desarrollaremos esas cualidades y las haremos realidad en nuestra vida cotidiana.

Si reconocemos que los atributos divinos son nuestra herencia, nos convertiremos en la semejanza de esos atributos.

La persona que es consciente de su poder interno es la que gana en el juego de la vida. Esa persona es grande porque primero su pensamiento ha sido grande. El que es consciente de las potencialidades de su propia naturaleza y combina la energía con ese pensamiento es maestro de las circunstancias. Se convierte en el imán que atrae el poder y atrae el éxito.

Una persona puede tener una opinión noble de sí misma, pero mientras tenga pensamientos pequeños, será pequeña. Solo puede llegar a ser grande en la medida en que piense cosas grandes. Sin embargo, para pensar cosas grandes, primero debe adquirir una mayor conciencia de su verdadero valor y superioridad.

La grandeza es fuerza, sin egoísmo. Es poder, pero no con el deseo de que los demás reconozcan ese poder. El pensamiento de la persona debe ser grande, sin hacer alarde de ello, sin ostentación: fuerte, sin hacerse notar. Esta es la esencia de toda grandeza.

~ Orison Swett Marden

39.

Filosofía del Nuevo Pensamiento

Estuve conversando con un hombre que había estado estudiando el "Nuevo Pensamiento" durante algunos años. Me dijo: "Yo conozco toda esa filosofía; no es nada nuevo para mí. Estoy perfectamente familiarizado con ella".

Sin embargo, este hombre constantemente se enoja por cualquier nimiedad; no duda en ver y hablar de las faltas de los demás; en términos de consideración y justicia, pide más de lo que está dispuesto a dar a aquellos con los que entra en contacto; es descuidado en su persona e imprudente en el uso del dinero.

Ahora bien, para este hombre es simplemente una pérdida de tiempo leer literatura del "Nuevo Pensamiento" porque no pone en práctica, cada día y cada hora, lo que enseña el Nuevo Pensamiento.

Las personas son lo que piensan. No lo que dicen, leen o escuchan. Con el pensamiento persistente puedes deshacer cualquier condición existente. Puedes liberarte de cualquier atadura, ya sea de la pobreza, el pecado, la enfermedad o la infelicidad. Pero debes trabajar para el cambio.

Si has estado manteniendo pensamientos negativos la mitad de tu vida, no debes esperar derribar en una semana, un mes o un año los muros que has levantado. Debes trabajar y esperar; y cuando te desanimes y tropieces, debes levantarte y seguir adelante.

No puedes controlar en una hora un temperamento que has dejado suelto durante veinte años. Sin embargo, con el tiempo, puedes controlarlo y aprender a pensar que un arrebato de rabia es algo tan vulgar como la embriaguez o la blasfemia; algo a lo que no puedes rebajarte.

Si durante años te has permitido tener pensamientos abatidos y creer que la pobreza y la enfermedad eran tu suerte en la vida, te llevará tiempo entrenar tu mente con ideas más alegres y esperanzadoras; pero puedes hacerlo mediante afirmaciones repetidas, así como leyendo, pensando y viviendo la hermosa filosofía del Nuevo Pensamiento.

~ Ella Wheeler Wilcox

40.

Tu Edificio Mental

Al igual que el cuerpo está construido de células o una casa está construida de ladrillos, la mente humana está construida de pensamientos. Los diversos caracteres que se manifiestan no son más que conjuntos de pensamientos con diferentes combinaciones. En esto vemos la profunda verdad del dicho: "Como una persona piensa en su corazón, así es"

El carácter se construye de la misma manera que se construye un árbol o una casa, es decir, mediante la constante adición de nuevo material, y ese material es el pensamiento. Con la ayuda de millones de ladrillos se construye una ciudad; con la ayuda de millones de pensamientos se construye una mente, un carácter.

Cada individuo es un constructor-mental, ya sea que lo reconozca o no. Inevitablemente, cada persona debe pensar, cada pensamiento es otro ladrillo colocado en la construcción de la mente. Esta "colocación de ladrillos" es realizada con ligereza y descuido por un gran número de personas, lo que da como resultado un carácter inestable y tambaleante, listo para derrumbarse ante la menor ráfaga de problemas o tentaciones.

También hay quienes ponen en la construcción de sus mentes un gran número de pensamientos perjudiciales; estos son ladrillos podridos que se desmoronan tan pronto como se colocan, dejando siempre un edificio inacabado y antiestético, que no puede proporcionar ninguna comodidad o refugio a su poseedor.

Los pensamientos enfermizos o debilitantes de la salud; los pensamientos de fracaso; de autocompasión; de egocentrismo son ladrillos inútiles con los que no se puede construir ningún edificio mental sustancial.

Los pensamientos puros, sabiamente elegidos y bien colocados, son ladrillos perdurables que nunca se desmoronan y con los que se puede construir rápidamente un edificio hermoso y bien acabado, que ofrece comodidad y refugio a su poseedor.

Los pensamientos de fuerza; de confianza; de responsabilidad; los pensamientos que inspiran a una vida grandiosa, libre, desapegada y desinteresada son ladrillos valiosos con los que se puede construir un edificio mental sustancial.

Cada uno es el constructor de sí mismo. Si es el ocupante de una casucha mental mal construida, que deja pasar lluvias de problemas, y a través de la cual soplan los vientos penetrantes de repetidas decepciones, que comience a trabajar en la construcción de una mansión más noble que le dé mayor protección contra esos elementos mentales.

Intentar atribuir la responsabilidad de su mala construcción al diablo, a sus antepasados o a cualquier cosa o persona que no sea él mismo, no contribuirá a su comodidad, ni le ayudará a construir una vivienda mejor.

Cuando despierte al sentido de su propia responsabilidad y a una estimación aproximada de su poder, entonces comenzará a edificar como un verdadero constructor y producirá un carácter simétrico y acabado que perdurará en el tiempo; le dará una protección que nunca fallará y continuará dando refugio a muchos, incluso cuando haya partido.

~ James Allen

~Perlas para Crear la Mejor Versión de ti Mismo ~

41.

Cómo Causar una Buena Impresión

Una personalidad segura y agradable es la mayor posesión que se puede tener.

Hay muchas personas que, cuando han solicitado un puesto de trabajo, han sido rechazadas y no tienen ni idea de por qué no se les ha dado la oportunidad. Es probable que posean grandes habilidades y sean muy competentes para el puesto de trabajo al que postulan, pero su aspecto descuidado o su forma de ser tímida, apagada o aletargada, les ha quitado la oportunidad que tenían delante y que bien podría haber sido suya. Si hubieran considerado la importancia de la primera impresión, si realmente hubieran comprendido que una primera impresión negativa suele crear un prejuicio que después no se puede eliminar por completo, seguro que se habrían encargado de mejorar su imagen.

De ahí la importancia de irradiar siempre una atmósfera alegre y edificante. No es que debamos fingir intentando aparentar lo que no somos, sino que debemos mantener y mostrar siempre nuestro mejor lado, no el peor. Nuestra apariencia personal es nuestra vitrina donde ponemos lo que tenemos a la venta y se nos juzga por lo que ponemos ahí.

Para crear una buena primera impresión, no solo hay que limitarse a vestir bien, o tener buenos modales, o estar bien arreglado, o mostrarse alegre, es necesario incorporar todos estos elementos. Carecer de cualquiera de ellos es carecer de los elementos esenciales de una personalidad atractiva y agradable.

Por ejemplo, alguien puede estar muy bien vestido, sin embargo, ser absolutamente desagradable por su cabello o sus uñas sucias, o por su falta de higiene. Por otra parte, puede ser inmaculado en lo que respecta a su higiene personal, pero arruinar toda su apariencia por su despreocupación en el vestir, mostrando un mal gusto, inapropiado o ridículo. O puede tener muy buen gusto, estar muy bien arreglado hasta el más mínimo detalle, sin embargo, neutralizar todo el efecto de esta ventaja por un comportamiento grosero o frívolo. O bien, puede ser perfecto en el vestir, en los modales y en el aseo personal, sin embargo, tener una expresión sospechosa y falsa, un hábito de no mirar directamente a los ojos, creando así la peor impresión.

Ahora bien, no hay ninguna persona que sea tan pobre que no pueda combinar todos los requisitos necesarios para crear una buena imagen. Alguien puede decir: "Ah, pero te olvidas de que para vestir bien hace falta dinero". No, no lo olvido, pero puedo decir, sin dudarlo, que no se necesita más dinero para vestir bien que para vestir mal. He visto a personas de gran riqueza, cargadas de ropa cara y que, sin embargo, se ven tan mal vestidas que una vendedora vestida simplemente de negro la haría parecer ridícula. Una persona puede gastar cientos de dólares en su ropa y no lucir tan bien como otra que, con buen gusto, ha gastado solo unos pocos dólares. Para vestir bien no se necesitan tantos dólares, sino buen juicio y buen gusto.

La pobreza no es excusa para la mala apariencia. No es aceptable bajo ningún aspecto. Cualquiera que se arriesgue a mantener una mala apariencia, en cualquier lugar y bajo cualquier circunstancia, sabrá cuál será el costo.

Ninguna recomendación, respecto a tu capacidad o integridad, superará el testimonio que das sobre ti mismo por tu actitud y tu forma de vestir.

~ Orison Swett Marden

42.

Busca la Belleza

Busca la belleza en todas las cosas. Embellécete todo lo que puedas en esta vida, primero con bellos pensamientos, bellos deseos, bellas acciones; luego con el cuidado del cuerpo, la limpieza, la pulcritud, el orden y la vestimenta adecuada. Solo así podrás alcanzar tu máximo desarrollo y utilidad.

Aunque poseas una crema mágica que suavice tu piel y mantenga alejadas las arrugas; aunque hayas aprendido a realizar los masajes que mantienen tu cabello brillante y abundante, y los ejercicios físicos que llevan tu figura a las formas de la hermosura, no conservarás esa belleza si albergas en tu corazón pensamientos envidiosos, sarcásticos o amargados, o si te dejas llevar por la rabia y el mal humor.

Todo estado envidioso, descortés e irritable es como la escarcha que destruye la planta de la belleza. Todo impulso de amor, perdón y simpatía es como un rayo de sol sobre ella. Cultívalos con diligencia.

Aunque tu forma de ser no sea naturalmente amorosa, puedes desarrollar estos sentimientos. Busca en cada persona que encuentres algún aspecto que admirar y apreciar. Mentalmente, repite la palabra "Amor" frecuentemente. Cuando camines por la calle o te sientes en el transporte público, envía una bendición al mundo. Di en tu corazón: "Que Dios bendiga y ayude a todo el mundo hoy". Esto traerá una gran paz a tu mente y una gran luz a tu rostro.

Este sentimiento crecerá en tu naturaleza y te ayudará a aumentar tu belleza a medida que pase el tiempo.

~ Ella Wheeler Wilcox

43.

Disciplina tu Ejército Mental

Supongamos que un general encuentra a los soldados de su campamento recostados bajo los árboles, descansando, y como muchos de ellos no tienen ganas de hacer ejercicio, decide esperar hasta que todos tengan ganas. ¿Qué clase de ejército tendría? ¿Qué tipo de disciplina?

En un ejército disciplinado los soldados deben formarse y comenzar el ejercicio a la hora señalada, les guste o no.

El mundo es un campamento. Todos somos soldados bajo el mando de un general supremo que espera que estemos en ejercicio todos los días, a menos que estemos realmente incapacitados.

En el momento en que te dejas gobernar por tus estados de ánimo y tus preocupaciones, abres la puerta a un montón de enemigos de tu salud, tu éxito y tu felicidad. No simpatices en absoluto con los pensamientos enfermizos o perezosos. Si alguna vez cedes a tales pensamientos, antes de que te des cuenta, puedes convertirte en su esclavo.

Todos conocemos a personas que han caído en el hábito de nunca sentirse bien. No importa lo bien que duerman, lo bueno que sea su apetito o lo saludables que parezcan estar, cada pregunta que se les hace para saber "cómo están" recibe la misma respuesta estereotipada y deprimente, transmitida con voz triste: "No muy bien" "Sigo igual". Estas son las personas que "disfrutan de la mala salud". El único tema de conversación que les interesa es sobre ellas mismas. No se cansan de hablar de sus síntomas. Estas personas se pasan el día sentadas en un sofá o reclinadas en un sillón. La mente simpatiza con la postura del cuerpo; la actitud de reclinarse o recostarse reacciona rápidamente sobre la mentalidad y todos los niveles descienden.

Si alguna vez esperas lograr algo en el mundo, debes resistir la tentación de recostarte o reclinarte. Oblígate a levantarte, a prepararte y a mantener una actitud adecuada, te guste o no.

No permitas la compañía de esos estados de ánimo holgazanes y descuidados, que dicen: "No tengo ganas". Aléjalos de ti como alejarías a un ladrón de tu casa.

¿Cómo puedes esperar estar sano y fuerte, física y mentalmente, cuando la mitad del tiempo estás en una actitud horizontal perezosa? Mientras no te levantes y actúes como un animal vertebrado, no estarás saludable ni tendrás éxito. No puedes hacer un buen trabajo mientras no tengas una actitud exitosa. No puedes tener confianza en tu capacidad mientras tu nivel mental y físico sea bajo.

Determina que te mantendrás en un alto nivel mental, moral y físico, y que siempre estarás listo para cumplir con el deber que te corresponde con vigor y determinación.

Debes ser siempre el maestro de la situación. Cuando tus facultades y tus acciones sean como las de los soldados que no les interesa ejercitarse, pero cuyo deber es hacerlo, debes asumir la posición de comandante general.

No te conviertas en el esclavo de los pequeños saboteadores de tu salud y felicidad. Cada vez que venga a ti un pensamiento perjudicial, un pensamiento hostil a tu salud o a tus logros, expúlsalo de inmediato. No te detengas a dialogar con él, ni a reflexionar sobre él, ni a considerarlo. Elimínalo, no es un amigo, sustitúyelo por un pensamiento fuerte, sano y hermoso.

Si persistes de esta manera, llenarás tu mente con una serie de pensamientos saludables, pensamientos de belleza y pensamientos de triunfo, que te harán física y mentalmente vigoroso, exitoso y feliz.

~ Orison Swett Marden

44.

Hazlo Ahora

Si tienes alguna tarea que hacer hoy, hazla ahora. Si no es posible realizarla hoy, deja de preocuparte por ella y ponte a trabajar en las cosas de hoy. Pero no caigas en ese lamentable hábito de dejar las cosas para más tarde: hazlas ahora.

Hemos hablado mucho de vivir en el Ahora, de no quedarse en el pasado ni preocuparse por el futuro. Todo eso es cierto. Pero vivir en el Ahora no significa simplemente considerar los pensamientos de hoy, llevar las cargas de hoy, resolver los problemas de hoy. También significa hacer el trabajo de hoy.

Intentar llevar hoy las cargas del año pasado o las cargas de la semana que viene es una locura de la peor clase, como bien sabes. Pero es igualmente insensato dejar el trabajo de hoy para mañana. Eso no es tratar bien al mañana, es negarle su oportunidad.

El Yo de mañana no es exactamente el Yo de hoy. Es decir, ha crecido un poco, es el Yo de hoy más la experiencia añadida del día. Así, es tan egoísta que el Yo de hoy intente echar sus cargas sobre el Yo de mañana como lo sería que tú intentaras echar tus cargas sobre tu hermano o hermana. No solo es egoísta, sino que te perjudica: impide tu crecimiento.

El trabajo de hoy se pone ante ti por la lección que contiene, por lo que, si te niegas a aceptar la lección, eres el perdedor. No puedes escapar de la tarea. Se te pondrá delante una y otra vez hasta que la realices. Es mejor que la hagas de una vez para que recibas la lección en el momento oportuno y no te veas obligado a "ponerte al día", como el escolar con sus tareas.

Al dejar las cosas para mañana, solo acumulas problemas para el día siguiente, ya que, además de los deberes del día, tendrás que terminar el trabajo que dejaste pendiente, entonces es muy probable que ninguno de ellos se haga correctamente. No tiene ningún sentido este hábito de procrastinar. Es una locura de la peor clase.

Pero la procrastinación no solo es perjudicial en sus efectos inmediatos. Lo peor del caso es el efecto negativo que tiene sobre toda la actitud mental. En efecto, cultiva la pereza, la indecisión, la despreocupación, la holgazanería y muchos otros hábitos indeseables de pensamiento y acción. Se manifiesta de innumerables maneras en el carácter de quien se ha dejado enredar por ella. Afecta su eficacia y su capacidad.

Por lo tanto, eres realmente injusto contigo mismo si te dedicas a postergar las cosas. Nunca tendrás tiempo para ti mismo si tienes una serie de viejos asuntos que reclaman tu atención. La persona que procrastina nunca puede dedicar tiempo a la mejora mental, porque siempre tiene algún viejo asunto que resolver, algún viejo enredo que ajustar. Así pierde la noción del valor del tiempo, de aprovechar al máximo cada hora, cada minuto.

Estoy convencido de que la mitad de los fracasos de la vida se deben a que las personas no hacen la cosa ahora. No solo por lo que pierden directamente con este hábito, sino por el efecto que produce en su carácter. El hábito del pensamiento sin rumbo se manifiesta en la acción. El pensamiento y la acción, persistiendo lo suficiente, llevarán a una desmoralización de todo el carácter del individuo. Pronto se olvidará de cómo hacer bien las cosas. Y ahí es donde muchas personas fracasan. El mundo está buscando personas que puedan hacer las cosas y que puedan hacerlas ahora.

Si eres un procrastinador, ponte en marcha y supéralo. Coloca un cartel frente a tu escritorio, tu máquina de coser, tu mesa de trabajo, o donde sea que pases la mayor parte de tu tiempo, con estas palabras escritas en letras negras grandes: "¡Hazlo Ahora!"

Si llevas el pensamiento de hacer las cosas Ahora y dejas que se manifieste en acción tan a menudo como sea posible, encontrarás que en poco tiempo toda tu actitud mental hacia el trabajo habrá cambiado, te encontrarás haciendo las cosas cuando deben hacerse, sin ningún esfuerzo particular de tu parte.

Es posible entrenar y educar a la mente a hacer las cosas bien. Se requiere un poco de ánimo, un poco de perseverancia, un poco de fuerza de voluntad, pero el resultado te compensará el esfuerzo. Empieza a liberarte de este mal hábito. Empieza ahora mismo. Hazlo ahora.

~ William Atkinson

45

Inténtalo de una manera diferente

Cuando tenía unos seis años, con el fin de pronunciar un discurso en la escuela, aprendí el viejo poema: "Inténtalo, inténtalo de nuevo".

Al volver de la escuela, con mucho orgullo le recité el poema a mi madre y le pregunté si le parecía un buen discurso —la profesora me dijo que hiciera esta pregunta.

Después de escucharme, mi madre me dio esta pequeña dosis de filosofía casera: "En cada esfuerzo que no tengas éxito debes volver a intentarlo, pero cada intento sucesivo debe hacerse de una manera diferente". Luego me dijo que lo dijera de esta manera en la escuela: "Si al principio no tienes éxito, inténtalo, inténtalo de nuevo, pero cada vez de una manera diferente, hasta que el éxito corone tus esfuerzos".

Esto me resultó muy útil treinta y cinco años después, cuando contraté a un vecino agricultor para que cortara el césped de mi casa. Yo había hecho todos los preparativos, había comprado una guadaña nueva y la tenía en perfectas condiciones para el servicio. A primera hora de la mañana marqué el punto de partida, dejé al hombre trabajando y me fui a desayunar. Al volver al jardín me encontré con que este señor estaba cortando el césped, pero dejando un rastrojo irregular que era más antiestético que el césped. Le pregunté:

—"¿Cuánto tiempo lleva usted cortando el césped con guadaña?"

—"Unos veinticinco años, pero nunca pude aprender a segar. Nunca podré hacerlo mejor de lo que lo hago ahora" —respondió.

—Le dije: "Yo le enseñaré".

A mí me había enseñado mi padre, que era muy exigente e insistía en que sus hijos aprendieran a hacer las cosas lo mejor posible.

Entonces, corté el césped una docena de veces, dejando el terreno perfectamente uniforme y la hierba bien recogida. Luego me volví hacia él y le dije:

—"Así se hace".

—Me contestó: "Sí, esa es la manera de hacerlo, pero no podría aprender a hacerlo así".

—"Hágalo de la manera que le enseño y saldrá bien. Siga golpeando, pero haga cada golpe un poco diferente hasta que consiga hacerlo como el mío".

En menos de cinco minutos aquel hombre tenía tan buen control de la herramienta como yo. En este caso, después de veinticinco años de torpeza, la aplicación de la fuerza y de los conocimientos fundamentales había permitido al hombre olvidar sus errores, olvidar toda su torpeza y convertirse en un maestro, simplemente probando después del fracaso, pero después de cada fracaso probando de una manera diferente, hasta que encontró una manera perfecta y estableció un hábito perfecto.

Así es como se realiza todo progreso, toda habilidad adquirida. Cada logro en la dirección de la perfección depende del principio de que la persona puede cambiar su pensamiento y con él sus acciones, de la imperfección a la perfección. Puede cambiar sus ideales, sus emociones, sus motivos, eliminando lo imperfecto y sustituyendo por ideales perfectos. Puede hacer desaparecer todas las discordias, todos los dolores, todas las nubes, todas las imperfecciones, estableciendo los hábitos perfectos en lugar de los hábitos imperfectos.

~ Sidney Weltmer

46.

Buenos Hábitos

Entre las muchas respuestas que dan las personas de éxito cuando se les pregunta por la posible causa del fracaso, los "malos hábitos" aparecen en casi todas ellas.

Un influyente hombre de negocios, señala: "Hay cuatro hábitos muy necesarios: la puntualidad, la precisión, la constancia y la prontitud. Si no hay puntualidad, se pierde tiempo; si no hay precisión, se pueden cometer errores muy perjudiciales para los intereses propios y de los demás; si no hay constancia, no se puede conseguir nada, y si no hay prontitud, se pierden valiosas oportunidades".

Es muy agradable conocer a una persona que dice, con sincera satisfacción: "Tengo el hábito de ser puntual". Tal persona no tiene ninguna preocupación relacionada con los retrasos, su digestión es buena, su corazón alegre, su mente libre para asimilar una idea, y es siempre una compañía agradable y gentil.

Lo mismo sucede con quien dice: "Tengo el hábito de no deber nunca una cuenta". Esta persona es feliz y su almohada está siempre hecha de plumas.

Otro hábito beneficioso es el de hacer las cosas bien. Todo lo que es valioso merece ser bien hecho; una mente bien disciplinada en otros aspectos es defectuosa si no tiene este hábito.

No cabe duda de que los hábitos familiares ejercen una gran influencia en el mundo. Los hijos dejan el nido de sus padres y transmiten a todas las esferas de la sociedad los hábitos que han adquirido. Estos hábitos pueden rastrearse fácilmente hasta sus orígenes.

Un hábito es como un árbol que crece torcido. No puedes tomar un árbol que ha crecido torcido, enderezarlo y decir: "Ahora mantente derecho", y hacer que te obedezca. Entonces, ¿qué puedes hacer? Puedes clavar una estaca y atar el árbol a ella, doblándolo un poco hacia atrás y escarificando la corteza de un lado. Luego, cada mes, puedes enderezarlo un poco más, manteniéndolo tenso durante toda la temporada y, de temporada en temporada, acabarás enderezándolo definitivamente. Puedes enderezarlo, pero no puedes hacerlo inmediatamente; tendrás que esperar uno o dos años.

Del mismo modo, nosotros podemos enderezarnos, superar los malos hábitos y aprender a vivir correctamente, si actuamos correctamente en cada ocasión. A menudo pasamos por alto la base del hábito. Cada repetición de un acto nos hace más propensos a realizarlo, lo cual produce una tendencia a la repetición permanente. Esta tendencia aumenta en proporción exacta a la repetición.

La vida de una persona puede ser una obra maestra o una chapuza, dependiendo de cómo se haya formado cada pequeño hábito: con perfección o con descuido.

~ Orison Swett Marden

47.

El Primer Pensamiento del Día

Los pensamientos que tengas durante la primera media hora de la mañana tendrán una gran influencia a lo largo del día.

Si te levantas con preocupación, abatimiento o rencor, estás estableciendo el tono para un día de discordia y desdicha.

Si piensas en la paz, la esperanza y la felicidad, estás poniendo una nota de armonía y éxito.

Puede que el resultado no se perciba inmediatamente, pero con el tiempo no dejará de ser evidente.

Controla tus pensamientos matutinos. Puedes hacerlo. En el primer momento en que te despiertes, no importa cuál sea tu estado de ánimo, repite:

"Obtendré toda la felicidad y el placer que pueda de este día y haré algo para aumentar la felicidad o el bienestar del mundo. Me controlaré cuando tenga la tentación de enojarme o disgustarme, buscaré el lado positivo de cada situación".

Cuando te digas estas cosas a ti mismo, de forma tranquila y sincera, empezarás a sentirte más alegre. Las preocupaciones y los problemas del día que tienes por delante te parecerán menos colosales.

A continuación, repite para ti mismo:

"Tendré toda la ayuda que necesito para afrontar todo lo que se presente hoy. Todo irá bien. Tendré éxito en todo lo que emprenda".

No te desanimes si en cuanto sales de tu habitación te encuentras con un problema o algo desagradable. Eso ocurre a menudo. Cuando declaramos que somos lo suficientemente valientes como para superar cualquier cosa, encontramos que nuestra fuerza es puesta a prueba inmediatamente. Pero no pasa nada. Demuestra que tus palabras son ciertas. Considera los problemas y las preocupaciones que encuentres como los "sacos de boxeo" del destino, que se te han dado para desarrollar tu músculo espiritual. Camina hacia ellos con valentía y mantén tu resolución matutina.

Poco a poco, los problemas disminuirán y acabarás convirtiéndote en el maestro de las circunstancias.

~ Ella Wheeler Wilcox

48.

Cada Día Trae su Propio Afán

El poderoso roble se hace grande porque crece en el presente; no piensa en el pasado ni en el futuro; es lo que es ahora. No pretende llegar a ser poderoso, simplemente crece de forma silenciosa y constante.

El lirio del campo es hermoso porque está absolutamente contento de ser un lirio, aunque no se conforma con ser menos que todo lo que un lirio puede ser. Sin embargo, no se esfuerza ni lucha por ser hermoso; simplemente persiste en ser lo que es, y el resultado es que ha sido inmortalizado por la mente más grande que jamás haya existido.

Cuando observamos estos ejemplos encontramos el verdadero secreto de la vida, expresado de forma tan sencilla y clara que cualquiera puede entenderlo: Sé lo que eres hoy. No te conformes con ser menos de lo que puedes ser hoy, ni te empeñes en ser más de lo que puedes ser hoy.

El progreso, el crecimiento, el avance, el logro, no se consiguen con el sobreesfuerzo. La mente que se esfuerza demasiado tendrá otra reacción: caerá al fondo y tendrá que empezar de nuevo.

El verdadero logro viene de ser lo mejor que puedes ser hoy donde estás, llenando el momento presente con toda la vida de la que eres consciente; nada más. Si intentas expresar más vida de la que puedes sentir cómodamente en la conciencia, te estás excediendo y tendrás una caída.

El gran error de la época es desgastarse, hacer el trabajo de manera extremadamente exigente. El que más se esfuerza, por lo general, es el que menos logra; mientras que el ser verdaderamente grande es aquel que confiadamente deja que la vida y el poder actúen a través de él.

~ Christian Larson

49.

Pon amor en tu Trabajo

Hace poco escuché la historia de una mujer que no conseguía hacer bien el pan. Pidió instrucciones y recetas a todos sus vecinos y amigos, pero el pan no salía bien. Entonces, se dirigió a una anciana del barrio para explicarle que había seguido fielmente las instrucciones, pero el pan no salía bien.

—"Bueno, parece que has seguido bien las instrucciones, pero ¿le has puesto amor?" —preguntó la anciana.

—"¿Ponerle amor al pan? No, nunca he oído hablar de tal cosa. ¿Qué tiene que ver el amor con el pan?"

—"Todo" —respondió la anciana— "Si has omitido el amor, has omitido uno de los ingredientes principales. Pon mucho amor en la harina, revuélvela bien hasta que se impregne por todas partes y descubrirás la importancia de lo que has omitido. Cuando hago pan, puedo verlo en la harina, pidiendo ser liberado.

Entonces sigo con amor a ese pan que debe ser liberado. No sé por qué es así, pero sé que es así".

Ahora bien, yo no sé nada acerca de la elaboración del pan, pero sí sé que la anciana tenía razón, porque he probado su receta en otras cosas: en el trabajo que tengo a mano. He descubierto que cuando no me intereso por la tarea, el trabajo es muy duro y el resultado es deficiente. Pero si me concentro en la tarea y realmente me intereso por ella, el tiempo pasa volando, el trabajo es un placer y el resultado es satisfactorio.

Es fácil interesarse por la mayoría de las cosas, porque todo tiene algo digno de interés. La tarea más sencilla, el trabajo más humilde, es digno de atención e interés. Siempre es posible hacerlo mejor, siempre hay pequeños detalles a los que prestar atención en el momento de hacer las cosas.

Cultiva tus facultades creativas, aprende a disfrutar haciendo las cosas. En la medida en que pongas en juego tus facultades creativas y utilices tu mente, serás capaz de hacer un buen trabajo con tus manos. Y la mejor manera de poner en juego tus facultades creativas es poner amor en el trabajo: querer hacerlo bien.

Todas las tareas, desde cavar una zanja hasta pintar un cuadro, se hacen mejor cuando se pone amor en ellas. Conozco a un viejo zapatero cuyo trabajo consiste principalmente en reparar. Deberías ver la delicadeza con la que repara un zapato. No te rías, esto es un hecho. Cada zapato que sale de sus manos lleva las marcas amorosas de la herramienta, lleva consigo la caricia del zapatero. Le gusta arreglar zapatos y lo hace bien. La gente viene de todas partes para que este hombre arregle sus zapatos, porque con cada parche, o tacón, o suela, se pone amor en ese zapato y de alguna manera la gente siente la diferencia. Poner amor en el trabajo hace que la tarea sea más fácil, el resultado mejor y el trabajador más feliz. Pruébalo en tu trabajo.

~ William Atkinson

50.

Resuelve ser Amable

En general, la gente es amable y considerada con los ciegos o discapacitados. No hay nadie que esté tan ocupado, tan preocupado o tan malhumorado, que no pueda detenerse a mostrar un poco de cortesía y consideración a un ciego que avanza a tientas por la calle o por una habitación. Incluso las personas más egoístas parecen tener ese impulso de compasión y bondad hacia los ciegos, lo que hace que las personas privadas de la vista desde su nacimiento piensen que el mundo es un lugar tan amable.

Pues bien, si nos detenemos a considerar la verdad de la humanidad, nos daremos cuenta de que todo el mundo es ciego. Quien se equivoca es ciego, porque seguro que nadie quiere equivocarse deliberadamente. Las personas más desagradables sobre la faz de la tierra, las más malvadas y egoístas son todas ciegas. Piensa en ellos como piensas en esa pobre persona con su bastón y sus manos tanteando mientras camina. Muestra la misma compasión, el mismo deseo de ayudarles en su camino, entonces encontrarás un sentimiento diferente creciendo en tu corazón, lo que hará que construyas un mundo diferente.

Sentir compasión por alguien es un paso hacia la educación espiritual y un vínculo en la hermandad universal. En lugar de enfadarnos por la insensatez, el egoísmo y los pecados de los seres humanos, deberíamos compadecernos de ellos. Ese es el primer paso para ayudar.

La mayoría de nosotros nos disgustamos con los demás y nos compadecemos de nosotros mismos. Eso es un desperdicio de compasión. Nunca te compadezcas de ti mismo. Considera tu compasión como un cristal a través del cual puedes mirar el corazón de la humanidad. No lo dirijas a ti mismo. Mientras miras tus propios problemas, puede pasar alguien que necesite tu atención y perderás la oportunidad de ser amable y guiar a un ciego que cruza la calle o recoger la muleta de un discapacitado que se ha caído.

Todos necesitamos una palabra, una mirada o un pensamiento amable, todos necesitamos una mano que nos guíe por el camino correcto. Sin embargo, cómo nos empujamos y atropellamos unos a otros. Cómo nos burlamos, criticamos y condenamos, mientras no veamos unos ojos ciegos o una extremidad ausente.

Piensa un poco en estas cosas antes de seguir tu camino y no guardes toda tu compasión solo para los ciegos y los discapacitados.

~ Ella Wheeler Wilcox

~Perlas que te Ayudan a Creer en Ti~

51.

Yo Puedo y lo Haré

Despertemos y reconozcamos ese Algo interior; descubramos ese sentimiento de "Yo Puedo y lo Haré"; valorémoslo si lo tenemos y cultivémoslo si no lo tenemos.

¿No sabes que somos jóvenes gigantes que no hemos descubierto nuestra propia fuerza? ¿No sabes que hay poderes latentes en nosotros que buscan desarrollarse y desplegarse? ¿No sabes que el deseo sincero, la fe y la demanda tranquila nos traerán lo que necesitamos, pondrán a nuestro alcance las herramientas con las que hemos de trabajar nuestro destino, nos guiarán en el uso adecuado de las herramientas, nos harán crecer? ¿No sabes que el deseo, la fe y el trabajo son la triple llave de las puertas de la plenitud?

Ante nosotros hay posibilidades que nunca imaginamos, esperando nuestra llegada. Impongámonos, tomemos la llave, abramos las puertas y entremos en nuestro reino. Para lograrlo, debemos poseer un deseo sincero, debemos estar tan seguros del éxito final como del amanecer de mañana, debemos tener fe. Además, debemos trabajar hasta el final con las herramientas y los instrumentos que se presentarán día a día.

Descubriremos que el deseo, la confianza, la fe y el trabajo no solo apartarán los obstáculos de nuestro camino, sino que comenzarán a ejercer esa maravillosa fuerza, aún tan poco comprendida, la Ley de la Atracción, que atraerá hacia nosotros todo lo que nos lleve al éxito, ya sean ideas, personas, cosas, sí, incluso circunstancias.

¡Oh, gente de poca fe, por qué no ven estas cosas! El mundo busca personas que tengan la mentalidad del "Yo Puedo y lo Haré"; tiene lugares preparados para ellos; la oferta no alcanza a satisfacer la demanda.

Ánimo, los desafortunados y dudosos: "No puedo". Empiecen la lucha eliminando el miedo de sus mentes. Después, comiencen a subir la escalera del éxito, exclamando con todas sus fuerzas "Yo puedo y lo haré" y acallando el murmullo de tus amigos aguafiestas al final de la escalera, con sus «peros», «y si», «suponiendo», «no puedes» y «¿no tienes miedo?».

No te preocupes por la parte superior de la escalera, ya la alcanzarás con el tiempo, ahora presta toda tu atención a la parte que tienes delante, y cuando te hayas afianzado en ella, mira a la siguiente. Recuerda, un paso a la vez, dándole toda tu atención a cada paso. Sube con deseo, confianza y fe, inspirando cada paso, y la tarea se convertirá en un placer. Serás consciente de una poderosa fuerza que te empuja hacia arriba y hacia delante a medida que avanzas. Pero no intentes bajar a otro compañero de la escalera, hay espacio suficiente para los dos, sé gentil, sé amable.

Si no sientes las vibraciones de "Yo puedo y lo haré" dentro de ti, empieza hoy mismo, y di: "Yo puedo y lo haré". Piensa: "Yo puedo y lo haré". Actúa: "Yo puedo y lo haré", así pondrás en marcha las vibraciones. Recuerda que, al igual que la nota del violín, si se hace sonar de forma constante, hará que el poderoso puente vibre al unísono, un pensamiento positivo, mantenido de forma constante, se manifestará en ti mismo, en los demás y en las cosas.

Así que empieza a tocar la nota hoy, en este mismo momento. Tócala constantemente. Envía una nota clara, alegre y feliz, una nota de fe, una nota de victoria venidera. Tócala una y otra vez, pronto te darás cuenta de que las vibraciones han comenzado y que la poderosa estructura de tu ser se estremece y vibra con la nota clave: "Yo Puedo y lo haré".

~ William Atkinson

52.

Todo es Posible

Decir que algo es imposible, porque te parece inalcanzable, es entrenarse en el peligroso hábito de llamar "imposible" a cada nueva idea. Tu mente es entonces una prisión llena de puertas prohibidas, dejando a todos fuera y a ti como único recluso.

"Todo es posible con Dios". Dios trabaja en ti y a través de ti. Decir "imposible", en cuanto a lo que puedes hacer o en lo que puedes convertirte, es un pecado. Es negar el poder de Dios para trabajar a través de ti. Es negar el poder del Espíritu Infinito para hacer a través de ti mucho más de lo que ahora eres capaz de concebir en tu mente.

Decir "imposible" es establecer tu limitado nivel de entendimiento como el estándar del universo. Es tan atrevido como tratar de medir un espacio infinito con una regla de medir.

Cuando dices "Imposible" y "No puedo", creas una imposibilidad para ti mismo. Ese pensamiento tuyo es el mayor obstáculo para lo que es posible.

Deberías decir: "Es posible para mí convertirme en cualquier cosa que admire". "Es posible para mí convertirme en un escritor, un orador, un actor, un artista".

En ese momento estarás abriendo la puerta a tu propio templo del arte en tu interior. Mientras sigas diciendo "imposible", la mantendrás cerrada. Tu "no puedo" es el cerrojo de hierro que bloquea esa puerta contra ti. Tu "yo puedo" es el poder que quita ese cerrojo.

~ Prentice Mulford

53.

Cultiva la Actitud Triunfante

Piensa cómo sería el mundo actual si todas las personas que se ven a sí mismas como insignificantes y fracasadas, diminutas en comparación con lo que podrían y deberían ser, pusieran en ellas una idea triunfante de la vida. No hay duda de que, si pudieran vislumbrar sus propias posibilidades y asumir la actitud triunfante, revolucionarían el mundo.

¡Cuántas personas adquieren el hábito crónico de entregarse a frecuentes ataques de depresión! Permiten que la tristeza entre fácilmente en sus mentes, de hecho, siempre está en casa, haciéndolas susceptibles a cualquier forma de desaliento que se les presente. Cada pequeño contratiempo, cada pequeña dificultad, les sumerge en la tristeza y dicen: "Qué sentido tiene". Como resultado de esto, su trabajo es deficiente e ineficaz, y no atraen las cosas que desean.

Cada vez que cedes al desaliento, cada vez que te deprimes, estás retrocediendo, tus pensamientos destructivos están derribando lo que has estado tratando de construir. Un ataque de desánimo, visualizar el fracaso o condiciones desfavorables, destruye rápidamente lo que han construido los pensamientos triunfantes.

Tus fuerzas creativas armonizarán con tus pensamientos, tus emociones y tus estados de ánimo, es decir, crearán en sintonía con ellos.

Entonces, llena tu mente de esperanza, con la expectativa de cosas mejores, con la creencia de que tus sueños se están haciendo realidad. Convéncete de que vas a ganar; deja que tu mente descanse en pensamientos de éxito.

No permitas que los enemigos de tu éxito y felicidad dominen tu mente o traerán a tu vida la condición que representan. Destruye los pensamientos, las emociones y las convicciones que tienden a destruir tu esperanza, tus anhelos, a derribar los resultados de tu construcción pasada. Si no lo haces, crearán más fracaso, más pobreza.

Si deseas alcanzar el éxito, piensa en condiciones constructivas y exitosas. Establece tu carácter y toda tu vida hacia el triunfo. Mantén el pensamiento triunfante hacia ti mismo, hacia tu futuro, hacia tu carrera y esto contribuirá a crear las condiciones favorables para el cumplimiento de tus deseos.

No conozco nada que dé más satisfacción que el hábito de llevar siempre una actitud mental triunfante.

~ Orison Swett Marden

54.

Tienes Derecho a lo Mejor

Me gustaría llamar tu atención sobre el hecho de que nada es demasiado bueno para ti, no importa lo grande que sea o si crees que no lo mereces. Tú tienes derecho a lo mejor que hay porque es tu herencia directa. Así que no tengas miedo de pedir, demandar y tomar.

Las cosas buenas del mundo no son la porción de los hijos favorecidos. Pertenecen a todos, pero llegan solo a aquellos que son lo suficientemente sabios para reconocer que las cosas buenas son suyas por derecho y son lo suficientemente valientes para alcanzarlas.

Has perdido muchas cosas espléndidas porque te sientes indigno de ellas. Si sigues repitiendo que eres indigno de algo bueno, que es demasiado bueno para ti, la Ley te tomará la palabra y creerá lo que dices. Eso es algo peculiar de la Ley, cree lo que dices, te toma en serio.

Ahora bien, ¿por qué algo sería demasiado bueno para ti? ¿Alguna vez te has detenido a pensar quién eres? Eres una manifestación de la Totalidad, eres un hijo del Infinito y eres heredero de todo.

Por lo tanto, levanta la cabeza y mira al mundo de frente. Debes ser un hombre o una mujer, y no una cosa que se arrastra. Esto se aplica tanto a tu actitud mental como a tu conducta exterior. Deja de arrastrarte en tu mente. Mírate a ti mismo erguido, afrontando la vida sin miedo y verás cómo poco a poco te conviertes en tu ideal.

No hay nada que sea demasiado bueno para ti, ni una sola cosa.

No seas tímido. No quiero escuchar más esa tonta charla sobre las cosas que son demasiado buenas para ti. ¡Bah! Has sido como el hijo pequeño de un emperador, que pensaba que el tambor de juguete y los soldaditos de plomo eran demasiado buenos para él y se negaba a tomarlos.

Normalmente, este problema no se da en los niños. Reconocen instintivamente que nada es demasiado bueno para ellos. Quieren todo lo que está a la vista para jugar y parecen sentir que las cosas son suyas por derecho. Y esa es la condición mental que debemos cultivar los buscadores de la aventura divina. De hecho, a menos que nos volvamos como los niños pequeños, no podremos entrar en el Reino de los Cielos.

~ William Atkinson

55.

Una Voluntad Decidida

En cada mente humana hay potencialidades no descubiertas que solo esperan la palabra mágica de una orden positiva para ser despertadas a la supremacía y el poder.

No hay nada que no pueda ser alcanzado por quien reconoce el poder ilimitado de su interior y lo dirige con energía infalible y fe inquebrantable hacia lo deseado.

La concentración de la fuerza de voluntad y la acción mental armoniosa, impulsada por el deseo persistente, eliminarán todas las barreras y harán un camino directo hacia la meta más elevada.

El grado de éxito de una persona está determinado por la naturaleza e intensidad del deseo y su fuerza de voluntad.

Cuántas veces nos encontramos con dificultades que oprimen el corazón y hacen vacilar nuestra voluntad, cuando deberíamos elevarnos en la gloria de nuestra individualidad y pronunciar la palabra que liberaría las energías latentes de la mente y la voluntad, y nos daría poder para superar todas las cosas que se interponen en nuestro camino hacia la libertad y el progreso.

Estamos influenciados por las sugerencias proyectadas por otras mentes y cedemos a las influencias esclavizantes que hemos heredado de generaciones pasadas, de modo que lo más elevado de nuestra naturaleza duerme, no pacíficamente, sino como encadenada por los grilletes de las circunstancias, los cuales no puede romper.

Debes tener una seguridad incuestionable de que, en lo más profundo de tu ser, existe un poder ilimitado que te da dominio sobre todas las condiciones del entorno. No te preocupes por el mal o por la inminente adversidad, porque el mal que puedes encontrar en los caminos de la vida nunca será mayor que la fuerza que posees para protegerte.

Aunque pases por momentos difíciles, que el miedo sea desconocido para tu corazón. Si la mente se inspira en los principios de la bondad y la verdad, todo lo que te ocurra estará lleno de bendiciones.

Recuerda siempre que la acción de una voluntad invencible y un persistente deseo, cargados con el poder inquebrantable del amor, te permitirá superar las influencias adversas de la herencia y del entorno.

Tu vida es el bloque de mármol, blanco y puro, que la naturaleza te ha dado, y el cincel es la fuerte voluntad con la que debes moldearlo hasta convertirlo en una imagen divinamente hermosa.

~ Uriel Buchanan

56.

Un Paso Cada Día

La fuerza para lograr algo es proporcional a la fuerza de tu deseo.

Recuerda que tienes una mente inmortal y una voluntad que te ha sido otorgada por el Poder Divino. Con esa mente y esa voluntad puedes lograr cualquier cosa que desees, si eres persistente y paciente.

En este día realiza algún esfuerzo hacia lo que quieres conseguir. No lo dejes para mañana. Mañana debes dar el segundo paso. Cada día debes acercarte un poco más a tu objetivo. Si alguna circunstancia te impide avanzar un día, duplica tus esfuerzos al siguiente.

Si te has propuesto superar algún hábito y en un momento de debilidad fracasas en tu propósito, no pienses que eso significa que no tienes fuerza de voluntad y que debes continuar por el camino anterior. Confucio dijo: "La fuerza no se demuestra en el hecho de no caer nunca, sino en la capacidad de levantarse y continuar hacia la meta".

Todos tropezamos y nos caemos en la búsqueda de nuestros ideales, pero eso no significa que nuestros ideales no tengan valor o que no los alcanzaremos con el tiempo.

Intenta pasar media hora, o una hora, a solas contigo mismo cada día. Siéntate en silencio y piensa en las cosas valiosas que te gustaría hacer. Cree que se te mostrará el camino para hacerlas. Pide luz y guía, y te serán dadas.

Respira profundamente, llenando cada célula pulmonar. El resultado de todo esto será el poder físico, mental y espiritual.

~ Ella Wheeler Wilcox

57.

Puedes Lograr lo que Quieras

Tu alma es un centro de Poder y puedes lograr lo que deseas. "¡Encontraré un camino o haré un camino!"—ese es el espíritu que gana.

Conozco a un hombre que ahora está a la cabeza de un gran banco. Empezó allí como mensajero. Un día, su padre mandó hacer un botón con la letra "P", se lo puso en la chaqueta y le dijo:

—"Hijo, esa "P" es un recordatorio de que algún día vas a ser el presidente de tu banco. Quiero que mantengas este pensamiento en tu mente. Cada día haz algo que te acerque a tu objetivo".

Cada noche, después de la cena, le decía:

—"Bueno, hijo, ¿qué hiciste hoy?"

De este modo, el pensamiento siempre permanecía en su mente. Se centró en llegar a ser presidente de ese banco y lo consiguió.

Su padre le había dicho que nunca le contara a nadie lo que significaba esa "P". Sus compañeros hicieron un gran número de bromas tratando de averiguar lo qué significaba, pero nunca lo supieron hasta que fue nombrado presidente y entonces contó el secreto.

No disipes tus energías tratando de satisfacer todos tus caprichos, concéntrate en hacer algo que realmente valga la pena. La persona que se concentra en algo no fracasa.

El éxito hoy en día depende en gran medida de concentrarse en la ley del Poder Interno porque, de este modo, despiertas esos poderes o fuerzas del pensamiento que aseguran resultados permanentes. Mientras no seas capaz de hacer esto, no habrás alcanzado tu límite en el uso de tus fuerzas.

Tú creas tu propio lugar y depende de ti que sea un lugar importante. Mediante la infalible Ley puedes lograr todo lo que es correcto, por lo tanto, no tengas miedo de emprender lo que realmente deseas lograr y estás dispuesto a pagar por ello con esfuerzo.

Todo lo que es correcto es posible, aunque todo el mundo piense lo contrario. Dios y tú siempre son mayoría. Simplemente afirma: "Yo puedo hacerlo. Lo haré". Solo tienes que ser consciente de esto y el resto es fácil. Tienes fuerzas y facultades latentes para dominar cualquier cosa que intente interferir en tus planes. Ahora, repite lo siguiente:

"Mientras más grandes sean las dificultades, más grandes serán los triunfos que vendrán a través de mí. Mientras más difíciles sean mis pruebas, más rápido iré en el desarrollo de mi poder inherente. Que todo lo demás me falle. Esta confianza interior es todo lo que necesito. El bien debe prevalecer. Pido sabiduría y poder para saber

y seguir lo que es correcto. Mi ser superior es toda
Sabiduría. Ahora me acerco a él".

~ William Atkinson

58.

Haré Que Este Día Sea Exitoso

Cuando te despiertes por la mañana, cuando empieces a trabajar, y varias veces durante el día, repite:

"Haré que este día valga la pena. No pasará a la historia de mi vida como un tiempo perdido o no utilizado para mi progreso. Tenga ganas o no, voy a hacer que este día valga la pena. Voy a hacer que pase a la historia de mi vida como un día importante en el que mi trabajo ha sido eficaz y eficiente"

Si haces esto cada día, te sorprenderá el maravilloso efecto que tendrá en toda tu vida. Te elevará al punto más alto de tu capacidad. Será significativo para ti, tanto en carácter como en beneficio.

Cada uno de nosotros tiene el mismo número de horas en su día, el mismo número de días en su año. La principal diferencia entre el éxito y el fracaso radica en el uso que se hace de esas horas y esos días.

En el mismo entorno y con las mismas posibilidades, una persona puede ascender a la fama y a la fortuna, mediante el uso correcto del tiempo que otros desperdician imprudentemente. Aquello que ponemos en el momento presente es lo que da forma a toda la vida, a todo el carácter, a todo el éxito.

La cosecha de nuestro mañana corresponderá a la semilla que sembremos hoy. Si no ponemos esa cualidad en el momento presente, lo que esperamos en nuestro éxito, en nuestro carácter, en nuestra vida en general, no estará ahí. Si hoy no hay energía, empuje, valor, iniciativa, trabajo de calidad, los resultados de estas cualidades no aparecerán en tu futuro.

Comienza cada mañana con el firme propósito de no dejar que las horas se te escapen de las manos hasta que hayas sacado de ellas la máxima posibilidad de un día exitoso; pues recuerda que es la acumulación de pequeños éxitos diarios lo que hace una gran vida y lo que te permitirá realizar tus sueños.

~ Orison Swett Marden

59.

La Actitud Proactiva

Nada que puedas pensar es imposible de poner en acción. Nada que puedas imaginar es imposible de realizar. Es esencial para tu felicidad avanzar continuamente. Estás formado para crecer y bajo la necesidad de crecer.

Cuanto mayor, más armonioso y más completo sea tu crecimiento, más feliz serás. Todas las posibilidades están dentro de cada persona. Si todos proceden de forma natural, no habrá dos personas iguales ni tampoco muy parecidas. Cada uno viene al mundo con una predisposición a crecer en determinadas líneas. Esto da a todos una variedad infinita.

Tomemos el ejemplo del jardinero. Si un jardinero arrojara todas sus semillas en una cesta, estas tendrían un aspecto similar a los ojos de un observador común. Sin embargo, el crecimiento revelaría una tremenda diferencia. Lo mismo ocurre con las personas. Para un observador casual, un grupo de personas puede parecer tan similar como una cesta de semillas. Pero, a medida que crecen, una persona puede convertirse en una rosa y añadir brillo y color a algún rincón oscuro del mundo. Una persona puede ser un lirio y enseñar una lección de amor y pureza a todos. Otra persona puede ser una enredadera y ocultar los contornos irregulares de una roca oscura. Y otra persona puede ser un gran roble entre cuyas ramas anidan y cantan los pájaros.

Independientemente de los diferentes patrones de crecimiento, todos serán algo valioso, algo único, algo especial y algo perfecto. Esto te incluye a ti.

Ahora mismo hay un genio en ti esperando a ser llamado. El principio del Poder te da lo que pides. Si emprendes cosas pequeñas, solo te da poder para cosas pequeñas. Por el contrario, si realizas cosas grandes, de forma sobresaliente, te da todo el poder que necesitas e incluso más.

Nunca hagas nada de manera pequeña. Déjame decirte por qué. Hay dos actitudes mentales que puedes poseer. La primera actitud es como un balón de fútbol. Un balón de fútbol tiene una resiliencia extraordinaria y reacciona fuertemente cuando se le aplica una fuerza, pero no origina nada. El balón de fútbol nunca actúa por su cuenta y no tiene ningún poder intrínseco. Las personas con esta actitud están controladas por las circunstancias y el entorno; sus destinos están determinados por cosas externas. El principio de poder en ellas nunca está activo. Estas personas nunca hablan ni actúan desde su interior.

La segunda actitud es como un manantial que fluye. El poder sale del centro de estas personas. Tienen en su interior un pozo de agua que brota hacia la vida eterna e irradia fuerza. El principio de poder en ellas está constantemente en funcionamiento porque son proactivas. No hay ningún bien mayor que pueda venir de ti que hacerte proactivo.

Todas las experiencias de tu vida están diseñadas por el espíritu para empujarte a la proactividad y dejar de ser una criatura de las circunstancias. Tu deber es convertirte en un maestro de tu entorno.

Despertar el principio de Poder en ti es una verdadera conversión. Es el equivalente a pasar de la muerte a la vida. Es como renacer. Nadie posee poderes especiales que no sean inherentes a ti o que no puedas desarrollar rápidamente con un propósito. Nadie tiene más poder espiritual o mental del que tú puedas alcanzar.

Puedes convertirte en lo que quieras ser.

~ Wallace Wattles

60

Construye una Buena Imagen de ti Mismo

Cada influencia de nuestro entorno es una sugestión que se convierte en parte de nosotros. Si vivimos con personas que carecen de ambición, que son descuidadas, perezosas, o con personas que son maleducadas y con una moral relajada, tendremos tendencia a reflejar sus cualidades. Si nos relacionamos mucho con quienes utilizan un lenguaje vulgar, con personas que no cuidan sus modales o su forma de expresarse, estas cosas reaparecerán en nuestra propia conversación y modales.

No importa si la inferioridad está relacionada con los modales, el trabajo, la conversación, los compañeros o los hábitos de pensamiento, dondequiera que se presente, su tendencia es a rebajar todos los estándares y a disminuir los logros.

Todos somos sensibles placas sobre las cuales se graban indeleblemente el ejemplo, los pensamientos y sugerencias de los demás, así como nuestros propios pensamientos y hábitos.

Me gustaría poder grabar esto a fuego en la conciencia de toda persona que quiera tener éxito en la vida: No podrás alcanzar el éxito mientras te asocies con lo inferior y mantengas una mala opinión de ti mismo. Aléjate de ambas cosas.

Si eres víctima de la sugestión de inferioridad, niega la sugestión, apártala de tu mente como el mayor enemigo de tu bienestar. Solo puedes hacer lo que crees que puedes hacer. Por tanto, si tienes en tu mente una imagen desfavorable y desacreditada de ti mismo, si dudas de tu capacidad, colocas una barrera entre tú y el poder que te permite triunfar.

El simple reconocimiento mental o el sentimiento de que eres débil e ineficiente es contagioso. Otras personas lo perciben y su pensamiento se suma al tuyo para socavar tu confianza en ti mismo, que es el baluarte del éxito.

Mantén siempre un alto concepto de ti mismo, una imagen elevada de tu propia capacidad, independientemente de lo que los demás digan o piensen de ti. Nunca te permitas dudar de tu capacidad para hacer lo que emprendes.

Reconoce que no puedes ser inferior, porque estás hecho a imagen y semejanza de Dios. Si quieres, puedes hacer una obra maestra de tu vida, pues forma parte de su plan que lo hagas.

~ Orison Swett Marden

~Perlas que Muestran el Valor de la Adversidad~

6 1

Jerry y el Oso

Te voy a contar una historia, no precisamente bonita, pero que te dará una idea de cómo la Ley a veces pone a prueba a una persona para sacar su valor y su confianza en sí misma. Esta es la historia:

Había una vez un hombre que tenía un perro llamado "Jerry". No tenía muy buena apariencia, ni tampoco grandes cualidades. No era de ninguna raza especial; solo era un perro, eso es todo.

Había llegado a la granja desde algún lugar desconocido. Lo habían pateado y maltratado en su primera juventud, por lo que tenía miedo de reclamar su derecho a vivir. Se convirtió en un animal insignificante, atacado por los perros más pequeños, maltratado por los de su mismo tamaño y despreciado por todos. Esperaba ser pateado por todos a su alrededor y, por supuesto, recibía patadas (las personas y los perros que van por ahí esperando ser maltratados, siempre atraen lo que temen y esperan). Lamentarse no le servía de nada, solo lo hacía más desdichado y humilde que nunca, al igual que ocurre con algunas personas. El pobre animal fue cayendo poco a poco en el estado más bajo de la perrería y su caso parecía no tener solución.

De vez en cuando, el granjero iba al pueblo y Jerry se escabullía debajo de la carreta, donde parecía disculparse por ocupar incluso ese espacio. Su aparición era la señal para que todos los perros de las distintas granjas del camino lo persiguieran hasta la carreta, lo sacaran y lo hicieran rodar por el polvo, repitiéndose la actuación en cada granja de ida y vuelta al pueblo.

El granjero, sintiendo que el perro estaba desprestigiando su negocio, y sabiendo que el "Jerry de Gómez" se estaba convirtiendo en la broma del pueblo, decidió poner fin a la infeliz carrera del animal.

Pero el destino intervino —tal vez para darme una historia que señalara la moraleja de esta charla y para que tú tuvieras algo que recordar en circunstancias difíciles.

Una noche, Jerry se alejó de la granja, perseguido por algunos de los perros más pequeños que se deleitaban intimidándolo, y se adentró en el bosque. En aquella zona se habían descubierto huellas de oso y algunos de los chicos habían cavado un pozo, lo habían cebado con alguna golosina que le gustara al oso y lo habían cubierto con un techo delgado que cediera a un peso ligero. Jerry empezó a cruzar el techo y cayó dentro del pozo.

Unas horas más tarde, un joven oso vino a husmear y también cayó en el pozo. Entonces empezaron los problemas. El oso, enfurecido por su caída, alcanzó a Jerry y le dio un arañazo que le hizo aullar. El oso, al ver que no había lucha en su oponente, lo persiguió alrededor del pozo, hasta que parecía solo cuestión de unos pocos minutos para que el perro terminara su sufrimiento.

Sin embargo, las cosas dieron un giro inesperado. El oso derribó a Jerry de espalda y comenzó a darle los últimos retoques. Esto pareció hacer revivir la última pizca de autoestima que le quedaba al pobre animal, quien se lanzó con un poderoso esfuerzo directamente a la garganta del oso y le dio un mordisco en el que se concentraron todas las mordidas reprimidas de toda una vida.

El oso, con un rugido, regresó al otro lado del pozo. Era difícil saber quién estaba más sorprendido de los dos, si el oso por el súbito valor de su oponente o Jerry por el hecho de poder luchar contra el oso. La autoestima y la confianza del perro aumentaron casi a la par. La cautela del oso se ajustó en consecuencia.

Al cabo de un rato, el oso se acercó cautelosamente a Jerry, pero el perro gruñó ferozmente mostrando los dientes. Tuvieron varios enfrentamientos antes de que las cosas se calmaran. En cada ocasión, Jerry demostró su valentía y, aunque con muchos arañazos, dio al oso varias muestras de su bravura. Su autoestima y confianza eran ahora algo seguro y el oso lo trataba con considerable respeto y consideración.

Cuando las cosas se calmaron, el oso y el perro se retiraron a sus respectivos lados del pozo y declararon una tregua.

Por la mañana, los chicos fueron al pozo, después de acabar con el oso, sacaron a Jerry y lo llevaron a casa. Su

177

cola era varios centímetros más corta y su cuerpo estaba lleno de cicatrices y arañazos, pero en el fondo se sentía bien y se notaba.

El granjero, sintiéndose orgulloso del animal, lo cuidó con esmero hasta que fue capaz de moverse por la casa y luego le permitió salir al exterior.

En cuanto salió, los otros perros se abalanzaron sobre él, pero algo en su mirada les hizo mantener una distancia segura y se contentaron con ladrarle y mantenerse fuera de su alcance. No parecía tener ganas de pelear, pero tenía esa mirada de confianza que los mantenía en su sitio. Había dejado de tener miedo. Su cola ya no caía entre las piernas, sino que se mantenía en alto como la de todo perro que se respete.

Los chicos reconocieron que Jerry había subido de nivel y que había algo en él que les gustaba y respetaban.

Unos diez días después, cuando el perro ya estaba recuperado, el granjero hizo un viaje a la ciudad y Jerry lo acompañó, trotando despreocupadamente, al lado, detrás o donde quisiera. Al llegar a la primera granja, los perros bajaron corriendo para divertirse con nuestro amigo. Se abalanzaron sobre él como de costumbre. Algo sucedió. La jauría regresó aullando a la casa para recibir atención médica. Jerry siguió trotando como si nada hubiera pasado.

Esta escena se repitió en cada granja del camino, Jerry fue repitiendo la lección en cada ocasión, terminando su tarea al hacer rodar en el polvo al gran bull terrier, frente a la oficina de correos, hasta entonces había sido el terror del pueblo.

El viaje de regreso a casa fue un viaje triunfal para el perro. Todos sus antiguos enemigos competían entre sí moviendo la cola y haciendo otras demostraciones destinadas a hacer saber a Jerry que estaban orgullosos de ser sus amigos. Pero él les prestó poca atención: se había convertido en un filósofo canino.

Después de eso, llevó una vida feliz. No buscaba peleas, como tampoco ningún niño o perro parecía buscarlas con él. Había expulsado el pensamiento del miedo. No tenía miedo de nada que caminara sobre patas. Había conocido al oso.

Ahora bien, estoy usando esta historia para ilustrar cómo la Ley a veces obliga a una persona a estar en un espacio restringido para sacar a relucir su coraje y confianza en sí misma. Cuando alguien se ve obligado a enfrentarse a lo peor y a luchar contra el oso, descubre que tiene una fuerza en su interior que nunca antes había imaginado. Descubre que el destino es muy respetuoso y amable con aquellos que han abolido el miedo y pueden afrontar cualquier situación con una sonrisa, pero es tormentoso con aquellos que tienen miedo. Sus problemas serán proporcionales a su miedo.

Cuando alguien ha afrontado una gran dificultad, cuando ha librado la gran batalla, deja de temer los pequeños problemas y pruebas de la vida, siente su fuerza y conoce su fuente de poder. Se ha conocido a sí mismo. Ha conocido al oso.

~ William Atkinson

62.

Las Dificultades Despiertan Grandes Cualidades

Una persona que ha superado las dificultades lleva en su rostro los signos de la victoria. Un aire de triunfo se ve en cada movimiento.

Los caracteres fuertes, como la palmera, parecen desarrollarse más cuando han pasado por la adversidad. Algunas personas no llegan a ser ellas mismas hasta que se ven enfrentadas, desairadas, frustradas, derrotadas, aplastadas, en opinión de quienes las rodean. Las pruebas revelan sus virtudes; la derrota es el umbral de su victoria.

Es la lucha la que convierte el hueso en pedernal; es la lucha la que convierte el cartílago en músculo; es la lucha la que hace a los seres invencibles.

Las dificultades despiertan grandes cualidades y hacen posible la grandeza.

Las mejores herramientas reciben su temple del fuego, su filo de la molienda; los caracteres más nobles se desarrollan de manera similar. Cuanto más duro es el diamante, más brillante es su resplandor, y mayor es la fricción necesaria para sacarlo a la luz.

La adversidad es un severo instructor. El que lucha con nosotros nos fortalece y perfecciona nuestra habilidad. Nuestro enemigo es nuestro ayudante. Cada lucha con la dificultad nos hace conocer nuestra meta y nos impulsa a considerarla en todas sus posibilidades.

Tienes el material adecuado en el que afianzarás tu personalidad y crecerás a pesar de mil circunstancias adversas. Cada obstáculo solo aumenta tu capacidad de avanzar.

~ Orison Swett Marden

63.

Cómo Afrontar las Situaciones Difíciles

Hace unos días estuve hablando con una señora muy respetable, que vive en una pequeña granja de Nueva Inglaterra. Su esposo murió hace unos años, un hombre trabajador y de buen corazón, pero que gastaba prácticamente todos sus ingresos en la bebida. Cuando él murió, la pequeña granja quedó sin pagar. En ese momento, la esposa se encontró sin ningún medio de sustento visible y con una familia de varios miembros a su cargo. En lugar de desanimarse por lo que muchos habrían llamado su dura suerte, en lugar de rebelarse contra las circunstancias en las que se encontraba, afrontó el asunto con valentía, creyendo firmemente que había formas de salir adelante, aunque en ese momento no pudiera verlas con claridad. Asumió su carga y siguió adelante con coraje.

Desde hace varios años, se dedica a atender a los veraneantes que llegan a esa parte del país. De acuerdo a lo que me dijo, regularmente se levanta a las tres y media o cuatro de la mañana, y trabaja hasta las diez de la noche. En invierno, cuando este medio de ingreso se interrumpe, sale a atender a los enfermos de los alrededores.

De esta manera, la pequeña granja está casi pagada; sus hijos se han mantenido en la escuela y ahora pueden ayudarla de alguna manera.

Durante todo este tiempo, no ha tenido temores ni preocupaciones; tampoco ha mostrado ninguna rebeldía. No ha pataleado contra las circunstancias en las que se encontraba, sino que se ha puesto en armonía con la ley que la llevaría a otro tipo de condiciones. Me dijo que, a pesar de todo, ha estado siempre agradecida por haber podido trabajar y que, sean cuales sean sus propias circunstancias, nunca ha dejado de encontrar a alguien cuya situación fuera incluso un poco peor que la suya y a quien pudiera prestar algún pequeño servicio. Aprecia de todo corazón el hecho de que la casa esté ya casi pagada, y pronto no tendrá que destinar más dinero a ese fin. Dijo que su querida casa sería aún más valiosa para ella por el hecho de que finalmente sería suya gracias a su propio esfuerzo.

La fuerza y la nobleza de carácter que ha adquirido durante estos años, la dulzura de su personalidad, la compasión y la devoción por los demás, su fe en el triunfo final de todo lo que es honesto y verdadero, puro y bueno, son cualidades que miles de personas, que aparentemente están en mejores circunstancias en la vida, pueden envidiar justificadamente.

Por otra parte, si mañana le quitaran su pequeña granja, ha ganado algo que no podría comprar una granja de mil acres. Además, al hacer su trabajo de la manera en que lo ha hecho, ha aligerado la carga de todo ello y su trabajo se ha vuelto realmente agradable.

Tomemos un momento para ver cómo habría afrontado estas mismas condiciones una persona de menor sabiduría, no tan previsora como lo ha sido esta buena mujer.

Posiblemente, durante un tiempo, su espíritu se habría derrumbado. Probablemente, se habrían apoderado de ella temores e inquietudes de todo tipo y habría sentido que nada de lo que pudiera hacer serviría de algo. También podría haberse rebelado contra las condiciones en las que se encontraba; podría haberse resentido contra el mundo y, poco a poco, también contra las diversas personas con las que entraba en contacto. Asimismo, podría haber pensado que sus esfuerzos serían insuficientes para hacer frente a las circunstancias y que era el deber de alguien sacarla de sus dificultades. De este modo, no habría progresado en absoluto hacia la consecución de los resultados deseados, además de mantenerse continuamente resentida por las circunstancias en las que se encontraba, porque no tenía nada más en lo que ocupar su mente. Entonces, la pequeña granja nunca habría llegado a ser suya, no habría podido hacer nada por los demás y su naturaleza estaría resentida con todo y con todos.

En realidad, no se trata de cuáles son las condiciones de la vida de uno, sino de cómo uno afronta las condiciones que encuentra. Esto lo determinará todo.

Si en algún momento somos propensos a creer que nuestra propia situación es la más difícil que existe y que no podemos encontrar a nadie cuya situación sea un poco más difícil que la nuestra, estudiemos entonces durante un rato el personaje de Pompilia, en el poema de Browning, y después de estudiarlo, demos gracias a Dios porque las condiciones de nuestra vida sean tan favorables. Entonces, pongámonos en marcha con un espíritu confiado y valiente para alcanzar el estado que más deseamos.

~ Ralph Waldo Trine

64.

Estás en el Lugar Correcto

Nunca digas que desearías que tu situación fuera diferente, que tus problemas o preocupaciones fueran distintos. Tampoco desees tener la vida de otra persona. Acepta la tuya como una base de trabajo, la mejor para ti. Entonces, sigue adelante y cambia lo que no te guste.

Recuerda que eres el hacedor y moldeador de tu propio destino. Y aunque la situación en la que te encuentras pueda parecer inevitable en el presente, no lo será en el futuro, a menos que te quedes sentado quejándote y deseando ser un millonario o un genio, y protestando contra la injusticia de la Providencia.

No hay favoritismo en el Universo. Todo el esquema está bien equilibrado. Si te permitieran cambiar tu suerte con cualquier otra persona sobre la faz de la tierra, en poco tiempo te quejarías y encontrarías defectos.

El carácter verdaderamente valioso agradece a Dios su destino y dice:

"Mostraré al mundo lo que puedo hacer con mi vida".

No hace mucho tiempo hubo una gran carrera de trote en Brighton Beach. Un caballo ciego, llamado "Rythmic", ganó cinco carreras consecutivas. ¡Piensa en ello! No se acobardó, como un mortal, diciendo: "Soy ciego; es un destino terrible; es el castigo de Dios; ni siquiera intentaré ganar la carrera". Simplemente, se limitó a confiar en la mano del maestro que llevaba las riendas, hizo lo mejor que pudo y ganó los honores de la temporada.

Todos somos corredores ciegos en la pista de la tierra. El rey, el millonario, el estadista, el legislador, el mendigo, el obrero, el discapacitado, todos estamos a oscuras. Lo único que podemos hacer es confiar en la mano del Maestro y hacer lo mejor que podamos.

Considera que tu posición es el punto de partida adecuado para ti, pero simplemente el punto de partida. Es el bloque de piedra sin forma a partir del cual debes formar la estatua perfecta, o es simplemente el barro a partir del cual se ha de moldear la imagen de arcilla, que más tarde se convertirá en mármol perdurable.

Toma la arcilla de tu entorno actual, agradece a Dios por ella y haz la imagen del futuro que deseas. Puedes hacerlo, debes hacerlo, lo harás.

~ Ella Wheeler Wilcox

65.

Confía en la Ley

No hay nadie que esté dispuesto a renunciar a la experiencia adquirida incluso en los acontecimientos más dolorosos de su vida. De hecho, después de diez años, ninguna persona estaría dispuesta a que se erradicara la memoria y el recuerdo de su mayor dolor, si al mismo tiempo tuviera que renunciar a la experiencia y al conocimiento que le ha llegado a causa de ese dolor.

El dolor y su experiencia resultante se han convertido en una parte de nosotros, y no estamos dispuestos a que nos roben lo que es nuestro.

Cuando miramos hacia atrás, nos damos cuenta de que, si en el pasado hubiéramos vivido de acuerdo con la Ley, si hubiéramos comprendido su funcionamiento, estas mismas penas, decepciones y pérdidas solo habrían sido consideradas desde el punto de vista de su bien final, por lo tanto, habríamos eliminado el aguijón del dolor.

Cuando aprendemos a considerar el dolor de hoy como consideramos ahora el dolor de hace diez años, podemos empezar a comprender algo del funcionamiento de la Ley del Bien. Cuando alcancemos esta etapa, descubriremos que el dolor ya no es dolor, sino solo una forma de Bien. Cuando dejamos de causar fricción, la fricción ya no existe para nosotros.

Las lecciones de la vida deben ser aprendidas, tarde o temprano. Depende de nosotros si serán impuestas con mucho dolor, a causa de nuestra resistencia, o si las aceptaremos con sabiduría y entendimiento. En un caso tendremos el sufrimiento que conlleva oponerse a la Ley; en el otro, aprenderemos la lección perfectamente, pero sin el dolor de los golpes. La lección debe ser bien aprendida en cualquiera de los dos casos. Elige tu método.

Ahora bien, no quiero que se entienda que debemos simplemente cruzarnos de brazos y esperar que la Ley nos traiga todas las cosas sin ningún trabajo de nuestra parte. Prueba de esa manera y verás lo rápido que la Ley te golpeará en los nudillos para recordarte que tienes una tarea por delante.

La manera correcta es tomar la tarea que está más cerca (siempre hay alguna tarea) y hacerla bien, con el conocimiento de que ha sido colocada allí de acuerdo con la Ley. Si la tarea no es de tu agrado, sabrás que esa es la razón por la que ha sido puesta ante ti: tienes una lección que aprender de ella.

Cuando llegue el momento de un cambio, encontrarás en tu interior un fuerte deseo de otra cosa. Esa es tu oportunidad. Confía en la Ley para que te ayude a elaborar tu deseo. El deseo está ahí de acuerdo con la

Ley: su propia existencia es una promesa de su cumplimiento.

Con la ayuda de la Ley alcanzarás tu deseo. Es posible que cuando lo alcances, no sea exactamente lo que habías pensado, puede que no sea en absoluto lo que querías. Bueno, has aprendido la lección necesaria, has cumplido el deseo y ahora lo superarás. Otra cosa ocupará su lugar. Te sorprenderá ver cómo la Ley hace realidad tu deseo. Aprenderás otra lección de esto.

Cuando hayas aprendido a trabajar, alegremente, haciendo lo mejor que puedas, viviendo la vida de cada día, con fe y confianza, seguridad y coraje, aceptando el desarrollo de cada día como representando el bien final, viendo y sintiendo que la Ley del Bien está en plena operación, estando dispuesto a aceptar lo que te traiga, entonces, y no hasta entonces, mi buen amigo, empezarás a saber lo que es la vida.

~William Atkinson

66

Dos Bellotas

Toma dos bellotas del mismo árbol, lo más parecidas posible; planta una en una colina en solitario y la otra en el denso bosque, luego obsérvalas crecer. La que se encuentra sola está expuesta a todas las tormentas. Por eso, sus raíces se extienden en todas las direcciones, se aferran a las rocas y penetran profundamente en la tierra. Todas las raíces ayudan a estabilizar al gigante en crecimiento, como si anticiparan un feroz conflicto con los elementos.

A veces parece que su crecimiento ascendente se detiene durante algunos años, pero no es así, todo ese tiempo ha estado utilizando su energía para empujar una raíz a través de una gran roca y conseguir un anclaje más firme. Posteriormente, vuelve a levantarse con orgullo, dispuesto a desafiar el viento. Las tormentas que arremeten contra sus amplias ramas encuentran mucho más que un rival y solo sirven para endurecer aún más cada fibra, desde la médula hasta la corteza.

Por el contrario, la bellota plantada en el bosque profundo es un arbolito débil y delgado. Al estar protegida por sus vecinos, no siente la necesidad de extender sus raíces a lo largo y ancho en busca de sustento.

Ahora bien, toma dos niños, lo más parecidos posible. Coloca a uno de ellos en el campo, lejos de la cultura y los refinamientos de la ciudad, disponiendo solo de la escuela del distrito, la escuela dominical y unos pocos libros. Elimina la riqueza y cualquier tipo de apoyo. Sin embargo, si tiene el elemento adecuado en él, prosperará.

Cada obstáculo superado le da fuerza para el siguiente conflicto. Si cae, se levanta con más determinación que antes, como una pelota de goma, cuanto más duro es el obstáculo que encuentra, más alto rebota. Los obstáculos y las adversidades no son más que aparatos de gimnasio en los que se desarrollan las fibras de su personalidad. De este modo, se gana el respeto y el reconocimiento de quienes han ridiculizado su pobreza.

Coloca al otro niño en una prestigiosa familia. Dale enfermeras francesas y alemanas; satisface todos sus deseos. Ponlo bajo la tutela de grandes maestros y envíalo a estudiar a Harvard. Dale miles de dólares cada año para gastar y déjale viajar mucho.

Los dos se encuentran. El chico de la ciudad se avergüenza de su hermano del campo. Las ropas sencillas y gastadas, las manos ásperas, la cara oscura y los modales torpes del chico de campo contrastan con la refinada apariencia del otro. El muchacho pobre se lamenta de su dura suerte, lamenta no tener "ninguna oportunidad en la vida" y envidia a los jóvenes de la ciudad. Piensa que el destino es cruel al poner un abismo tan grande entre ellos.

El tiempo pasa y se vuelven a encontrar, ahora como adultos, pero ¡qué cambiados! Es tan fácil distinguir al hombre fuerte, que se ha hecho a sí mismo, del que ha sido apuntalado toda su vida por la riqueza, la posición y la influencia familiar, como lo es para el constructor de barcos distinguir la diferencia entre la tabla de un robusto roble de montaña y la de un joven árbol del bosque.

Cuando Dios quiere hacer evolucionar a una persona, no la envía a la escuela de las Gracias, sino a la de las necesidades. A través de la fosa y el calabozo, José llegó a un trono. No somos conscientes de los poderosos anhelos de nuestra humanidad divina; no somos conscientes del Dios que llevamos dentro hasta que se abre un abismo que hay que llenar, o hasta que el desgarro de nuestros corazones nos obliga a ser conscientes de una necesidad.

Cuántas veces nos hemos sentido fracasados y, sin embargo, ¡qué poderosos propósitos estaba cumpliendo Dios con nuestras aparentes humillaciones!

~ Orison Sweet Marden

67.

Las Lecciones de la Vida

La pregunta no es: ¿Cómo son las condiciones de nuestra vida?", sino: "¿Cómo podemos hacer frente a las condiciones que se nos presentan?". En cualquier caso, no es conveniente considerarlas en actitud de queja, aunque sean condiciones que hubiéramos deseado que fueran diferentes, porque la queja traerá depresión, y esto debilitará el espíritu que podría darnos el poder para crear condiciones totalmente nuevas.

En mi experiencia personal, en varias ocasiones, han aparecido en mi vida circunstancias de las que habría escapado con gusto, situaciones que me causaron humillación, vergüenza y angustia de espíritu. Pero invariablemente, cuando ha pasado el tiempo suficiente, he podido mirar atrás y ver con claridad el papel que cada una de esas experiencias jugó en mi vida. He visto que era esencial para mí aprender esas lecciones y el resultado es que ahora no eliminaría ni una sola de esas experiencias de mi vida, por muy humillantes y difíciles que fueran en su momento.

Esta es una lección que he aprendido: cualquier condición de mi vida actual que no sea fácil o agradable, y cualquier condición de este tipo que pueda venir en el futuro, debo aceptarla como viene, sin quejarme, sin deprimirme, y afrontarla lo más sabiamente posible; sabiendo que son las mejores condiciones que podrían estar en mi vida en ese momento, de lo contrario, no estarían ahí. Porque, aunque no sea capaz de ver en ese momento por qué están en mi vida, con el tiempo lo veré todo y agradeceré a Dios cada condición tal y como ha llegado.

A menudo cometemos el error de pensar que nuestras pruebas, problemas, luchas o sufrimientos son mayores que los de la gran mayoría. Cometemos este error porque vemos y sentimos intensamente nuestras propias pruebas, mientras que las de los demás no las vemos tan claramente. Pero no debemos olvidar que cada uno tiene sus propias pruebas, problemas o penas que soportar. Y cada uno de nosotros debe resolver sus propios problemas por sí mismo.

En este sentido, es necesario que desarrollemos la visión que nos permita ver cuáles son las causas que han traído a nuestra vida condiciones desfavorables; es necesario que desarrollemos la fuerza que nos permita afrontar estas condiciones y poner en marcha las fuerzas que nos permitan cambiarlas.

Podemos ayudarnos mutuamente mediante sugerencias, aportando el conocimiento de ciertas leyes y fuerzas superiores. Sin embargo, cada uno debe hacerlo por sí mismo.

Por lo tanto, la manera de salir de cualquier condición en la que hayamos caído, ya sea consciente o inconscientemente, es tomarse el tiempo para mirar las condiciones de frente y encontrar la ley por la que han surgido. Y cuando la hayamos descubierto, no debemos rebelarnos ni resistirnos, sino trabajar en armonía con ella.

Si trabajamos en armonía con la Ley, ésta trabajará para nuestro mayor bien y nos llevará a donde deseamos. Si nos oponemos o resistimos a ella, es decir, si no trabajamos en armonía con ella, acabará por destruirnos. La ley es inmutable en su funcionamiento. Si estamos en armonía con ella, todo irá bien; si nos resistimos a ella, nos traerá sufrimiento, dolor, pérdida y desolación.

~ Ralph Waldo Trine

68.

Las Apariencias Engañan

Este verano, pasé unos días cerca de Ilwaco, Washington. Tres veces por semana todos acudían al muelle para ver la llegada y salida del famoso barco de vapor T.J. Potter.

El primer día que asistí a este encuentro general, me senté a observar desde el muelle a unos amigos que habían subido al vapor. De repente, tuve la impresión de que el muelle estaba avanzando y dejando al vapor atrás. Nunca había tenido una sensación más real, y nunca me había dado cuenta más plenamente de que "las cosas no son lo que parecen".

Por supuesto, la impresión dependía de mi punto de vista. A medida que el vapor se retiraba, los objetos volvían a tener una relación adecuada entre sí.

Precisamente, de la misma manera, las personas o los acontecimientos parecen ser "buenos" o "malos", según nuestro punto de vista, y es siempre el punto de vista limitado el que transmite la impresión de que es malo. A medida que las personas y los acontecimientos se alejan en esa ensenada de la eternidad que llamamos pasado, nuestra visión de ellos se vuelve más correcta.

Son las cosas que están cerca de nosotros cada día las que nos dan impresiones equivocadas. De muchas de ellas, cuando han retrocedido lo suficiente, decimos: "Me alegro tanto de que haya sucedido y, sin embargo, en ese momento pensé que era lo peor que me podía pasar".

Si pudiéramos ver la totalidad de las cosas, nos daríamos cuenta fácilmente de que todo está bien. Solo cuando nos acercamos demasiado a algo que no nos gusta, olvidando la unidad de las cosas visibles y no visible, olvidamos que todo es bueno y nos lamentamos por el "mal" existente.

Cuando razonamos solo a partir de lo que se ve, no es posible llegar a conclusiones correctas, porque la premisa mayor está siempre en lo que no se ve. ¿Cómo puede ser correcto nuestro juicio, si deja afuera lo que no se ve y que es eterno? "No juzgues por la apariencia, sino juzga con juicio justo".

~ Elizabeth Towne

69.

La Vida No es un Juego de Azar

Muchas personas se limitan con una supersticiosa creencia en la buena o mala suerte. Se convencen de que hay una suerte o un destino, algo que escapa a su control, que determina el alcance de sus logros. Si este misterioso poder lucha contra ellos, fracasarán; por el contrario, si les ayuda, tendrán éxito.

Nada es tan perjudicial para el éxito y la felicidad como la creencia en el destino ciego, en la falacia de que un efecto puede lograrse sin una causa correspondiente.

Cada persona es dueña de su propio destino. El poder de resolver sus problemas reside en su interior. Cada uno crea el destino que lo hace caer o lo levanta. La vida no es un juego de azar. El Creador no nos puso aquí para ser el juguete de las circunstancias, marionetas para ser sacudidas por un destino cruel que no podemos controlar.

Dentro de ti hay algo que es más grande que cualquier destino, más grande que cosa que pueda intentar derribarte. Tú has heredado el poder de tu Padre Divino, que armoniza cualquier defecto o deficiencia que creas que has heredado de tus padres terrenales, o cualquier desventaja en tu entorno. Hay algo de omnipotencia en ti, pues eres hijo de la Omnipotencia, y debes haber heredado las cualidades de tu Creador. Afirma tu divinidad. Todo lo que tienes que hacer es tocar la Mente Eterna, la gran energía cósmica, y todo el poder será tuyo.

Lo que puedes llamar tu mala suerte en este momento quizás sea el resultado de alguna debilidad, algún mal hábito que está frustrando tus esfuerzos, alejándote de lo que deseas. Es posible que tengas manías, rasgos objetables, que son obstáculos para tu avance. Tu mala suerte puede ser la falta de preparación, una formación insuficiente para tu trabajo especial. Tu base puede ser demasiado pequeña para cualquier tipo de estructura de vida respetable. O bien, tu mala suerte puede ser la pereza, el amor por la comodidad y el placer, el deseo de pasarlo bien, antes que nada, pase lo que pase.

La buena suerte es lo contrario de todo esto. Toda persona de éxito sabe que la buena suerte es consecuencia de una voluntad fuerte, de un esfuerzo serio y persistente, de un trabajo bien hecho, de una preparación minuciosa, de un deseo de superación y de un propósito inamovible.

El individuo "afortunado" es aquel que piensa y trabaja más que su vecino "desafortunado". Es más práctico, su vida se ha regido por el sistema y el orden.

~ Orison Swett Marden

70.

Dentro de Ti está el Poder

En cada vida habrá dificultades y problemas, y a veces, incluso catástrofes y sufrimiento: cuando sentimos que la propia tierra se mueve bajo nuestros pies. Sin embargo, invocando el Poder interior es posible levantarse más fuerte y "más grande", a través de la experiencia.

La felicidad y el verdadero éxito dependen de cómo afrontemos los problemas y las dificultades de la vida. La adversidad le llega a todo el mundo, pero si se afronta de la manera correcta, incluso el fracaso puede convertirse en el trampolín hacia el éxito. Los problemas les llegan a todos, pero, mientras que a algunos los fortalecen y los hacen mejores en todos los sentidos, a otros los sumergen de tal manera que no vuelven a levantarse.

El problema es el mismo, lo que marca la diferencia es cómo lo afrontas. Aquellos que se enfrentan a las dificultades y a la adversidad con la débil fuerza de sus mentes finitas y su falsa personalidad son rápidamente abrumados y destrozados por las tormentas de la vida.

Pero aquellos que confían y tienen fe en el Poder dentro de ellos, nunca pueden ser abrumados, ni pueden ser derrotados. El Poder, siendo infinito, es siempre suficiente, no importa cuán grande sea la necesidad.

El que reconoce su verdadera identidad espiritual sabe que nunca puede morir realmente, que nunca puede ser derrotado realmente, que nunca puede fracasar realmente. Puede perder su cuerpo a través del cambio que se llama muerte; pero su verdadero ser nunca puede morir. Tampoco puede fracasar porque, aunque sea derrotado mil veces, puede levantarse de nuevo.

Solo ten fe en el Poder Espiritual dentro de ti y podrás conocer todas las alegrías de la victoria y el éxito. Todas las cosas serán tuyas. Busca primero el Reino dentro de ti (tu unión espiritual con el Infinito y la armonía con la Voluntad y el Propósito Divinos) y todas estas cosas te serán añadidas. Ya no tendrás que temer al mañana, porque sabrás que todas las provisiones ya están preparadas. No habrá necesidad de acumular riquezas, porque los suministros diarios necesarios estarán siempre disponibles. No habrá necesidad de vivir cerca de un médico, porque Dios, la Vida Infinita, será tu salud. No habrá necesidad de lamentarse o quejarse, porque sabrás que todo está bien. No habrá miedo a los acontecimientos futuros, porque reconocerás que el Infinito no comete errores.

~ Henry Hamblin

"Atrévete a vivir la vida que has soñado para ti. Sigue adelante y haz que tus sueños se hagan realidad".

~Ralph Waldo Emerson

REFERENCIAS

Allen, J.: (1909) El dominio del destino New York: G. P. Putnam's sons.

Atkinson, W.: (1902). Pepitas del nuevo pensamiento Chicago, Ill., The Psychic Research Company.

Atkinson, W. (1908) La ley de atracción en el mundo del pensamiento Chicago: The Library Shelf.

Atkinson, W. (1918) El poder de la concentración: [s. l.: s. n.]

Hamblin, H.T. (1923) Pensamiento dinámico. Chicago: Yogi Publication Society.

Hamblin, H.T. (1938) Mi búsqueda de la verdad Bosham House, Chichester: Privately Printed.

Holmes, E. (1919) La mente creativa. Serie de charlas New York: R. M. McBride & co.

Holmes, F. L. (1919) La ley de la mente en acción. New York: R. M. McBride & co.

Larson, C. D. (1909) El ideal hecho realidad. Chicago: The Progress Company.

Larson, C. D. (1912) Tus fuerzas y cómo usarlas. Chicago: The New Literature.

Larson, C. D. (1912) Simplemente alégrate. Los Ángeles, California: The New Literature.

Maclelland, B. (1907) Prosperidad a través de la fuerza del pensamiento. Holyoke, Mass.: Elizabeth Towne.

Marden, O.: (1907) La vida optimista. New York: Thomas Y. Crowell co.

Marden, O.: (1911) Empujando al frente. New York: The success company.

Marden, O.: (1916) La actitud victoriosa. New York: Thomas Y. Crowell co.

Marden, O.: (1917) Cómo conseguir lo que quieres New York: Thomas Y. Crowell company.

Marden, O.: (1922) Cómo atraer prosperidad New York: Success Magazine.

Mulford, P. (1887) Tus fuerzas y cómo usarlas New York: F.J. Needham.

Towne, E. (1898) The way of faith. The Nautilus 1,3.

Towne, E. (1919) 15 lecciones sobre el Nuevo Pensamiento. Holyoke, Mass.: Elizabeth Towne.

Towne, E. (1926) <u>Cómo despertar el plexo solar</u> Holyoke, Mass.: Elizabeth
  Towne.

Weltmer, S.: (1910) La psicología del hábito. <u>New Thought Chicago </u>XIX, 9,
  382:383

Trine, R.W: (1900) <u>El poder del pensamiento en la construcción del carácter.</u>
  New York : T.Y. Crowell & co.

Buchanan, U.: (1902) La voluntad magnética. <u>New Thought Chicago </u>XI,
  1,11

Wattles, W.D: (1911). <u>La ciencia de ser grandioso.</u> Holyoke, Mass.:
  Elizabeth Towne.

Wheeler, E.(1902) <u>El corazón del nuevo pensamiento,</u> Chicago, Ill: The
  Psychic Research Company.

Wheeler, E. (1908) <u>Sentido común del nuevo pensamiento y lo que la vida
  significa para mí</u> Chicago: W.B Conkey Company.

Wheeler, E. (1914) <u>El arte de estar vivo.</u> New York: Harper and Brothers.

Sabiduría de Ayer, para los Tiempos de Hoy

www.wisdomcollection.com

www.ingramcontent.com/pod-product-compliance
Lightning Source LLC
LaVergne TN
LVHW011154080426
835508LV00007B/398